तुमने कहा था

तुमने कहा था

नागार्जुन

वाणी प्रकाशन

प्रकाशन के उत्कृष्टतम 61 वर्ष

vaniprakashan.com

सजिल्द पहला संस्करण : 1980
सजिल्द दूसरा संस्करण : 1988
सजिल्द तीसरा संस्करण : 2012
सजिल्द चौथा संस्करण : 2024

वाणी प्रकाशन

4695, 21-ए, दरियागंज, नयी दिल्ली-110 002

फ़ोन : +91 11 23273167, 23275710

शाखाएँ

अशोक राजपथ, पटना-800 004, बिहार

कॉफ़ी हाउस कैम्पस, महात्मा गांधी मार्ग, प्रयागराज-211 001, उत्तर प्रदेश

महात्मा गांधी अन्तरराष्ट्रीय हिन्दी विश्वविद्यालय, वर्धा-442 001, महाराष्ट्र

sales@vaniprakashan.in
vaniprakashan@gmail.com

Tumne Kaha Tha
by Nagarjun

ISBN : 978-93-5000-943-7
Poetry Collection

मूल्य : ₹ 395

जी.एस. ऑफ़सेट द्वारा दिल्ली-110 095 में मुद्रित

वाणी प्रकाशन का लोगो मक़बूल फ़िदा हुसेन की कूची से

क्रम

☐ मई '६४ से लेकर सितम्बर '६९ तक की अधिकांश रचनाएँ 'तुमने कहा था' (वाणी प्रकाशन, दिल्ली) और 'खिचड़ी विप्लव देखा हमने' (सम्भावना प्रकाशन, हापुड़) नामक दो संग्रहों में आ गयी हैं।

☐ इस अवधि की तीन-चार कापियाँ ग़ायब हो गयी हैं। उनके मिलने की सम्भावना नहीं है। इन रचनाओं को भी यदि अभी संकलित नहीं कर लेते तो निकट भविष्य में इनके नष्ट हो जाने की पूरी सम्भावना थी।

☐ सामयिक, उत्तरार्द्ध, पहल, जनशक्ति, जनयुग में समय-समय पर प्रकाशित रचनाओं की यहाँ अधिकता मिलेगी। किन्तु उल्लिखित पत्रिकाओं का पूरा-पूरा उपयोग संकलन के लिहाज़ से अभी नहीं हो पाया है।

☐ हिन्दी टाइम्स (दिल्ली), शंकर्स वीकली (हिन्दी-दिल्ली), मुक्तधारा (दिल्ली), स्वाधीनता (कलकत्ता) में प्रकाशित रचनाओं का संकलन आगे होना है। इस अवधि की कुछ और पत्रिकाएँ होंगी, भविष्य में उनका सहारा लिया जायेगा।

☐ हमारे अगले दो संकलन '४७ से '६५ तक की अवधियों में रचित-प्रकाशित रचनाओं के होंगे—हंस (इलहाबाद), जनशक्ति (पटना), जनयुग (लखनऊ), विप्लव और नया पथ (लखनऊ), नया सबेरा (लखनऊ), नया साहित्य (इलाहाबाद) में प्रकाशित रचनाएँ उन संकलनों में आ जायेंगी।

☐ इन संकलनों में प्रकाशित रचनाओं में गुण-तत्व की परख का दायित्व आलोचकों पर रहा। हमने अपनी सामर्थ्य के अनुसार इन रचनाओं को संकलित भर किया है। राजनीति और साहित्य के मध्य की सीमा-रेखा के बारे में मुझे कुछ नहीं कहना है।

☐ पिछले पन्द्रह वर्षों में रचित-प्रकाशित-अप्रकाशित रचनाओं में से पचासों ऐसी हैं जिन्हें इन संकलनों में जान-बूझकर शामिल नहीं किया गया।

☐ पाठ-भेद और अपूर्णता सम्बन्धी त्रुटियों का पता चलने पर हम पाठकों के आभारी रहेंगे।

—शोभाकान्त

तुम रह जाते दस साल और

झुकती स्वराज्य की डाल ग्रौर
तुम रह जाते दस साल ग्रौर

हम चावल लाते एक किलो, दस का दे ग्राते नोट मगर
यों सिकुड़े रहते, सपने में, सिलवाते ऊनी कोट मगर
गालियाँ छलकतीं, बैलों की जोड़ी को देते वोट मगर
हम गाँजा ही बेचा करते, लेते खादी की ग्रोट मगर
खुलते-खिलते कुछ गाल ग्रौर
तुम रह जाते दस साल ग्रौर

होता सबका ही तेज-हरण, जुगनू कर लेती ग्रात्मघात
हँसते गुलाब, खिलते गुलाब, कमलों की करता कौन बात
महलों की महँगी बिजली से डरती सन्ध्या, डरता प्रभात
जमती ग्रशोक के सिंहों पर बेशर्म उल्लुग्रों की जमात
लम्बी होती जयमाल ग्रौर
तुम रह जाते दस साल ग्रौर

मिश्रित निवास, मिश्रित लिबास, मिश्रित भोजन, मिश्रित विहार
मिश्रित भाषा, मिश्रित शैली, मिश्रित चिंतन, मिश्रित विचार
हम सरल-तरल, हम द्रवणशील, निर्लिप्त-निरंजन-निराकार
मिश्रित होते हम शत-प्रतिशत, कृत्रिमता के परमावतार
तन जाता भ्रम का जाल ग्रौर
तुम रह जाते दस साल ग्रौर

रो देती क्रान्तिकुमारी तब, जब होता उसका चीर हरण
नब्बे प्रतिशत का दस प्रतिशत खुलकर करते तकदीर हरण
निश्चय ही सपना हो जाता पीड़ित ग्राँखों का नीर हरण
लहराता फैशन का समुद्र, सुन्दरियाँ करतीं वीर हरण

ओढ़ते सन्त कुछ खाल और
बढ़ जाते उनके बाल और
टपका करती कुछ राल और
तुम रह जाते दस साल और

निज चूहों को वापस लेते ओ विश्वशान्ति के लम्बोदर
इनसे कैसे चल पायेगी अणु युग की वह भारी मोटर
सूझता नहीं, बेचारों का है तंग बहुत ही दृग-कोटर
तुम राजपथों पर भली भाँति चलवा देते अपना रोलर
धीमी होती कुछ चाल और
तुम रह जाते दस साल और

भाता न किसी को दूध-दही, पानी का जाता स्वाद भूल
बोतल की मस्ती के मारे सब कहते सबको 'डैम फूल'
पाकिट-पाकिट में भिड़ी ब्लेड, सबकी आँखों के सभी शूल
बेटे कारों पर, माँओं की नंगी पीठों पर फटी झूल
बहुएँ कढ़वातीं शाल और
तुम रह जाते दस साल और

गेरुआ पहनते जयप्रकाश, नर्मदा किनारे बस जाते
डांगे हो जाते राज्यपाल, लोहिया जेल में बल खाते
गोपालन होते नज़रबन्द, राजाजी माथा घुटवाते
जनसंघी अटलबिहारी जी भिक्षा की झोली फैलाते
चौड़ा होता कुछ भाल और
तुम रह जाते दस साल और

मिल वाले होते सोशलिस्ट, धनपतियों को लेनिन भाता
माओ आकर मिलता तुमसे, पेकिंग दिल्ली से शर्माता
मार्शल अयूब वर्धा आता, सर्वोदय की दीक्षा पाता
बढ़कर भारत सेवक-समाज दुनिया में झण्डा फहराता
छिपता क्या नटवरलाल और
तुम रह जाते दस साल और
गलती समता की दाल और
तुम रह जाते दस साल और
झुकती स्वराज्य की डाल और
तुम रह जाते दस साल और

तुमने कहा था

तुमने कहा था :
मरने के बाद
तुम्हारी राख ज़मीन पर छिड़क दी जाय
तुमने कहा था :
मरने के बाद
तुम्हारी राख गंगा में डाल दी जाय...
ठीक है
छिड़क दी गयी है राख ज़मीन पर
सुदूर आकाश में उड़ते विमानों से
होशियार हाथों ने किया है यह काम
फ़िक्र न करना पण्डित नेहरू !
डाल दी गयी है राख गंगा में...
साथ ही, दूसरी नदियों में भी !
दो-पानी, तीन-पानी वाले संगम भी
धन्य हुए हैं तुम्हारी राख से...
फ़िक्र न करना पण्डित नेहरू !
हमने तुम्हारी अन्तिम इच्छा के अनुरूप
किये हैं भस्म-कलशों के विसर्जन...
लेकिन, अब इस वक्त
एक बात उठ रही है मन के अन्दर
किससे कहूँ ?
देगा जवाब कौन ?...
राख वाली ज़मीन में
निश्चित ही उपजेंगे प्रचुर अन्न...

लेकिन, टिड्डों का हमला रुकेगा कैसे ?
राख वाली नदी का जल
निश्चित ही अधिक निर्मल होगा...
लेकिन, मगर कहाँ जायेंगे ?

विकल है गुलाब

विकल है गुलाब,
करेगा प्यार कौन
कंटकित वृंत को ?

विकल है गुलाब,
समझेगा कौन
अन्तर्भेदी मुकुलित सौरभ ?

विकल है गुलाब,
मृदुता को करेगा अंगीकार
कहाँ, कौन संकल्पदीपित वक्ष ?

विकल है गुलाब,
मिटायेगा कौन, किसका
जन्मजात अभिशाप ?

विकल है गुलाब,
सुनेगा अब कौन
गमलों का अरण्यरोदन ?

विजयी हुआ वसंत

प्रिय थे तुमको काले बादल, प्रिय थी तुमको झील
प्रिय थी तुमको बर्फ़, तुम्हें भाते थे सागर नील
खिलते फूलों को देखा तो तुम हो उठे निहाल
कुंकुम रंजित मृदुल अँगुलियों से तिलकित था भाल

तुम्हें न भायी जराग्रस्त गुरुजन की शीतल छाँह
निधड़क होकर तरुण शक्ति की पकड़ी तुमने बाँह
लोल लहरियों ने शतदल-सा चट् से लिया सँभाल
स्नेह बिन्दु तुम, सप्त सिन्धु में फैल गये तत्काल

बालारुण दीपित हिमगिरि को तुमने किया प्रणाम
मन ही मन जपते थे तुम शायद नदियों के नाम
काली-भूरी-पीली मिट्टी से सुरभित थे प्राण
छलका करता था जिनमें युग-मानव का कल्याण

विश्ववेदना की ऊष्मा के तुम प्रतीक-अवतार
तुम अदम्य, तुम मैत्री-मुदिता-करुणा के आगार
तुम अशोक-अकबर-रवीन्द्र की, गांधी की अनुपूर्ति
तुम विशाल संस्कृति की प्रतिमा, तुम जन-मन की स्फूर्ति

प्रखर ग्रीष्म की झंझा का करने निकले अभिसार
पर, सावन की घनमाला ने तुमको लिया उबार
तुम्हें न आतंकित कर पाये दनुजों के नख-दन्त
हेमंती ठिठुरन पर प्रतिपल विजयी हुआ वसन्त

बतला दो बापू, क्या थे तुम ?

शिशु सुलभ सहज मुस्कान लिये
शायद तुम हम पर हँसते हो !
छोड़ो, इस दिल में क्या-क्या है
नाहक ही अन्दर धँसते हो !

बाहर वेदी पर जमे रहो
जय जय हे पूजा के प्रतीक !
अपना पायेंगे कैसे हम
फिर सत्याग्रह की वही लीक ?

खादी के गमछे में लिपटी
सत्तर-साला बूढ़ी शरीर ?
बतला दो बापू, क्या थे तुम—
चर्खा, तकली, झोला, कुटीर ?

दिन-दिन पदयात्रा, कर्महीन
चिन्तन का केवल चमत्कार
बतता दो बापू, क्या थे तुम—
गोरस - मधुसेवन, फलाहार ?

सूत्रांजलि, प्रवचन, पद-गायन
फिर ईश्वर-अल्ला की पुकार ?
बतला दो बापू, क्या थे तुम—
केवल विचार, केवल प्रचार ?

गांधी-मत की चर्चा-वर्चा
एतन्निमित्त शतलक्ष हवन
सर्वोदय का चतुरंग सैन्य
अतिसज्जित ग्रामोद्योग भवन

श्रद्धा-दोहन की नई रीति
नूतन मठ का नव परिष्कार
बतला दो बापू, क्या थे तुम
जीवनदानी का नभ विहार ?

शासक वर्गों से साँठ-गाँठ,
प्रभुता का, वैभव का प्रयाग ?
बतला दो बापू, क्या थे तुम
वृद्धावस्था का भोग-राग ?

युवकों पर पग-पग पाबंदो
तरुणों का कुण्ठित ताप-मान ?
बतला दो बापू, क्या थे तुम
बूढ़े धूर्तों का साम गान ?

हम प्रतिपल तुमको ठगते थे
ओ विश्वात्मा, ओ व्यक्तिरूप !
तुम अब भी करुणा-सागर हो
हम खारे जल के वही कूप

तुम पर जिससे नफ़रत सुलगी
वह दृष्टि यहीं है साथ-साथ
तुम पर जिनसे पिस्तौल दगी,
बापू, ये मेरे वही हाथ !

क्षण-भर कहकर 'ईश्वर-अल्ला'
बकता जाऊँ कुछ भी अबाध
हत्यारा कह दूँ जिस-तिस को,
खुद को मैं मानूँ निरपराध !

इस 'क्रांति-शांति' के नाटक से
सच कह दूँ, मैं तो गया ऊब !
ब्राह्मणशाही की दलदल में
लो, बापू, फिर हम गये डूब

इस प्रजातंत्र पर हैं सवार
नव रूढ़िवाद, नव जातिवाद

प्रभुओं के नव-नव गोत्र ढले
फैले ताज़े दंगा-फ़साद
निर्वाचन के हो-हल्ले में
खो गया हाय बहरा विवेक
आपाधापी में सबकी है—
कैसे भी जीतूँ, यही टेक!
इस रेल-पेल में, सोचो तो,
कैसे लगते हैं जिला-दान!
मैं समझ न पाया हूँ अब तक
वह हीनयान, यह महायान
मैं नाम तुम्हारा बेचूँगा
मारूँगा तुमको रोज़-रोज़
बापू! तुमको जो अप्रिय थे
वह काम करूँगा खोज-खोज
यरवदा चक्र पर कातूँगा
सूतों के लच्छे सुबह-शाम
तुम रजत-रूप में कैद रहो
जी, नित्य करूँगा मैं प्रणाम
फिर तो अपनी कोठी होगी
चमकीली होगी नयी कार
नाती-पोते बहकेंगे तो
बहुएँ लेंगी उनको सुधार
दुनिया भर को दिखलाऊँगा
चिन्तन का अद्भुत चमत्कार
फिर नियमित मुझे सुलभ होंगे
गोरस - मधुसेवन - फलाहार
शिशु-सुलभ सहज मुस्कान लिये
शायद तुम हम पर हँसते हो!
छोड़ो, इस दिल में क्या-क्या है,
नाहक ही अंदर धँसते हो!

तीनों बंदर बापू के

बापू के भी ताऊ निकले तीनों बंदर बापू के!
सरल सूत्र उलझाऊ निकले तीनों बंदर बापू के!
सचमुच जीवनदानी निकले तीनों बंदर बापू के!
ज्ञानी निकले, ध्यानी निकले तीनों बंदर बापू के!
जल-थल-गगन-बिहारी निकले तीनों बंदर बापू के!
लीला के गिरधारी निकले तीनों बंदर बापू के!

सर्वोदय के नटवरलाल
फैला दुनिया भर में जाल
अभी जियेंगे ये सौ साल
ढाई घर घोड़े की चाल
मत पूछो तुम इनका हाल
सर्वोदय के नटवरलाल

लम्बी उमर मिली है, खुश हैं तीनों बंदर बापू के
दिल की कली खिली है, खुश हैं तीनों बंदर बापू के
बूढ़े हैं, फिर भी जवान हैं तीनों बंदर बापू के
परम चतुर हैं, अति सुजान हैं तीनों बंदर बापू के
सौवीं बरसी मना रहे हैं तीनों बंदर बापू के
बापू को ही बना रहे हैं तीनों बंदर बापू के

बच्चे होंगे मालामाल
खूब गलेगी उनकी दाल
औरों की टपकेगी राल
इनकी मगर तनेगी पाल
मत पूछो तुम इनका हाल
सर्वोदय के नटवरलाल

सेठों का हित साध रहे हैं तीनों बंदर बापू के
युग पर प्रवचन लाद रहे हैं तीनों बंदर बापू के
सत्य अहिंसा फांक रहे हैं तीनों बंदर बापू के
पूंछों से छबि आंक रहे हैं तीनों बंदर बापू के
दल से ऊपर, दल के नीचे तीनों बंदर बापू के
मुस्काते हैं आँखें मीचे तीनों बंदर बाप के

छील रहे गीता की खाल
उपमिषदें हैं इनकी ढाल
उधर सजे मोती के थाल
इधर जमे सतजुगी दलाल
मत पूछो तुम इनका हाल
सर्वोदय के नटवरलाल

मूंड़ रहे दुनिया-जहान को तीनों बंदर बापू के
चिढ़ा रहे हैं आसमान को तीनों बंदर बापू के
करें रात-दिन टूर हवाई तीनों बंदर बापू के
बदल-बदल कर चखें मलाई तीनों बंदर बापू के
गांधी-छाप झूल डाले हैं तीनों बंदर बापू के
असली हैं, सर्कस वाले हैं तीनों बंदर बापू के

दिल चटकीला, उजले बाल
नाप चुके हैं गगन विशाल
फूल गये हैं कैसे गाल
मत पूछो तुम इनका हाल
सर्वोदय के नटवरलाल

हमें अँगूठा दिखा रहे हैं तीनों बंदर बापू के
कैसी हिकमत सिखा रहे हैं तीनों बंदर बापू के
प्रेम-पगे हैं, शहद-सने हैं तीनों बंदर बापू के
गुरुओं के भी गुरू बनें हैं तीनों बंदर बापू के
सौंवी बरसी मना रहे हैं तीनों बंदर बापू के
बापू को ही बना रहे हैं तीनों बंदर बापू के !

लालबहादुर

सब खड़े रहे उसकी बलिवेदी के समीप
लौ चली गयी बिल्कुल ऊपर
रह गया रिक्त आकाशदीप

सहमी रणचंडी किस प्रकार, तरुणाई ने रचा खेल
दुर्दम दानव के नथनों में
वह डाल गया कैसी नकेल
तानाशाही के सीने पर वह बज्रकील
वह लाद गया हिंसा पर कैसे पंचशील
वह शक्तिदूत, वह शांतिदूत
वह जरा-मरणजित, यशःपूत
वह वामन का परमावतार
अपनी मिट्टी की महिमा का वह कलाकार
वह अति साधारण, अतिमहान
वह ओज-तेज का कीर्तिमान
सादगी-विनय से पूर-पूर
वह आडम्बर से दूर-दूर
वह परम अकिंचन, कर्मवीर, वह सत्यसंध
वह बारूदी बदबू पर ताज़ी मलय-गंध

रक्ताभ भूमि पर उग आते नव दूर्वांकुर
फिर विश्व-मंच पर मुखरित थे
अपनी जनलक्ष्मी के नूपुर
फिर लगे दमकने हिमगिरि के उत्तुंग सानु
फिर प्रखर हुआ भारत माता का भाग्य-भानु
सब खड़े रहे उसकी बलिवेदी के समीप
लौ चली गयी बिल्कुल ऊपर
रह गया रिक्त आकाशदीप

लेनिन, तुमको लाल सलाम

तन वामन, व्यक्तित्व महान
श्रमिक जनों के सुखद सुजान
भूख-जहालत के प्रतिकार
दलित वर्ग के तारणहार
जय-जय लेनिन, गुण अभिराम!
जयति महामानव, शुभ-नाम!!

ढहे विषमता के प्राचीर
पुंछे कोटि नयनों के नीर
एक साथ चमके शत सूर्य
गूंजे विश्वविजय के तूर्य
अभिनव जादू, तुम्हें प्रणाम!
जय-जय लेनिन, गुण-अभिराम!!

भू पर फैला महा प्रकाश
नव रजनी-पति, नव आकाश
अरुण उषा, संध्या रक्ताभ
बहुजन तक पहुँचे शुभ-लाभ
परम स्फूर्ति के पावन धाम!
जय-जय लेनिन, तुम्हें प्रणाम!!

"मिटें मनुजता के सब रोग
सहज सुखी हों सारे लोग"
"टूटें दनुजों के नख-दन्त
दुष्ट शक्ति का होवे अन्त"
कहाँ न फैला यह पैग़ाम?
जय-जय लेनिन, तुम्हें प्रणाम!!

चिर-साथी चिर-उन्नत-भाल,
तुम्हें निछावर ये सौ साल!
चिर-बुज़ुर्ग, चिर-तरुण महान
तुम पर सौ-सौ युग क़ुर्बान!
वर्ग-शत्रु की नींद हराम
लेनिन, तुमको लाल सलाम!

भूरे — पीले — काले — लोग
गोरी चमड़ी वाले लोग
भूख प्यास के मारे लोग
जग-भर के दुखियारे लोग
—भूले भला तुम्हारा नाम?
जय-जय लेनिन, जय गुणधाम!

निखिल विश्व की महिमा-मूर्ति
युग-युग की अभिलाषा पूर्ति
क्रिया-शून्य चिन्तन के शत्रु
शिथल अलस दर्शन के शत्रु
प्रखर क्रांति-कर्मी अविराम,
लेनिन, तुम को लाल सलाम!

अति उत्तम तुम अति सामान्य
बहुजन प्रिय तुम बहुजन मान्य
दीनबंधु तुम करुणा-सिन्धु
अभिनव रवि तुम, अभिनव इन्दु
चिरजीवी तुम, शाश्वत-नाम
जय-जय लेनिन, तुम्हें प्रणाम!

जन-समुद्र में मीन-समान
गुप्त, प्रकट फिर अन्तर्धान
तरुणाई के तुम संन्यास
पीछे बने तुम्हीं इतिहास
कभी न संचित किया छदाम
लेनिन, तुमको लाल सलाम!

अच्छा किया, उठ गए हो दुष्ट !

हिलने न पाये बुनियाद
एक ठोस सत्य की...
इसीलिए अक्सर
दस-दस दफ़े
लिया तुमने झूठ का सहारा
हम कभी समझ ही नहीं पाये
फूलबाबू, तुम्हारी यह लीला !
लहरा रहा है चारों ओर
ऊब-घुटन-डाह-बेचैनी का समंदर
राग-द्वेष-लोभ-मोह-वासना का पारावार
तृप्ति और सुख की वैयक्तिक डोंगियों में बैठे
इत्मीनान का आनन्द भोग रहे हैं मुट्ठी-भर लोग
उनकी ओर उठाकर तना हुआ हाथ
चीख़े तुम ऊँची आवाज़ में :
"चोट्टे हैं सुसरे !
"पाजी हैं सुसरे !
"गद्दार हैं साले !
"पकड़ो, पकड़ो, भागने न पाएँ !"
इस पर हम चार जने
लगे आपस में खुसर-पुसर करने...
एक ने कहा, "वो देखो—
जाने कहाँ से लाया है स्लोगन उधार ?
खुदा ही लगाये इन बीट्निकों का बेड़ा पार
आखिर क्या हो गया है रा० क० चौधरी को ?
घर पे खेती-वेती है न ?..."

इस पर दूसरा सिर हिलाके रह गया महज़
विस्फारित थीं बड़ी-बड़ी आँखें
जमे थे गालों के अन्दर
मगही पान के बीड़े आठ, पूरे के पूरे
बोला लेकिन तीसरा :
"हाँ भई, यह तो बतला दो !
क्या होती है भूखी पीढ़ी ?
यहाँ-वहाँ बड़ी तारीफ़ छपती है इनकी
अमरीका में छपते हैं फ़ोटो...
जाने कित्ते नखरे हैं इनके !"
अरे, अब इस पे मैं भला चुप रह जाता !
कहा एक के कंधे पे रख के हाथ:
"दर-असल, हमींने बना दिया है इनको पागल
छेंक रखी है राह
न ख़ुद बढ़ेंगे आगे
न औलाद को ही मौक़ा देंगे
शासन और समाज और शिक्षा-केन्द्र
वाणिज्य और विज्ञान, मठ और मंदिर
आर्मी और खेती-बाड़ी
सरकारी और गैर-सरकारी प्रतिष्ठान...
बँधे हैं हमारी रगों से विकास के सारे सूत्र
तिकड़म और चाटुकारिता
चुगलखोरी और भीतरघात
यही सब तो चलता है यहाँ दिन-रात
सच कहूँ तो यही है सोसाइटी की बाराखड़ी
दुख सत्य है, सुख है धोखाधड़ी
ठगी है शार्टकट कामयाबी का
फिर भी लेना हो जिन्हें धरम-ईमान का ठोका
बाँध के लँगोट, चरते हुए घास
तशरीफ़ ले जायें उधर,
कोई ऐतराज़ नहीं, स्वर्ग ही पहुँचें !

जानते हो मित्र ?
हमारी ही पीढ़ी की खुदगर्जी और ढोंग से
फूट निकला था यह फूल
यानी रा० क० चौधरी !
हम मिथिला-निवासी
पुकारते थे उसे लाड़वाले घरेलू नाम से
यानी हमारे लेखे वो था 'फूलबाबू'
पता है तुम्हें, क्या था उसका मूल नाम ?
बतला दूं ? हाँ, बतला ही दूं !
कानों पर ज़ोर तो पड़ेगा, मगर अच्छा लगेगा !
मणीन्द्र नारायण चौधरी !
कहो कित्ता अच्छा लगता है सुनने में ?
मना किया था मैंने
आज से बारह साल पहले :
अच्छा भला नाम था मणीन्द्र
आ पड़ी थी ऐसी क्या ज़रूरत नये सम्बोधन की ?
इस पे कहाँ कुछ बोला था फूलबाबू !
मुस्कान-भर उभर आयी थी गालों पर...
तो यह तुम्हारा रा० क० चौधरी
यों ही नहीं पगलाया था
हाँ सा'ब, वो अदना पागल नहीं था
बड़ा ही विचित्र प्राणी था वो
बीसियों नौजवान मानते थे उसे अपना मसीहा
—अजी वाह, अजी वाह !
इसमें 'अति' की गन्ध आयी आपको ?
मालूम है जनाब,
'अजनबी' तक प्रणत थे उस 'जीनियस' के प्रति
तो ऐसा था वो राजकमल चौधरी !
सुनके मेरा प्रवचन
झुका लिया सबने चुपचाप सिर
अलग हुए ।

किसी ने नहीं देखा फिर किसी की तरफ़।
हाँ, परसों शाम की बात है
अरे हाँ, परसों शाम की ही बात है...
मैं पहुँचा था 'कामायनी'
(भाड़े का मामूली सा-मकान
वर्षों का तुम्हारा रैन-बसेरा
तुम्हीं ने दिया था उसे यह नाम
अपनी रुचि के मुताबिक़!)
मुक्ता और दिव्या और नीलू...
मिला हूँ बच्चों से परसों शाम!
पिता की छाया से वंचित
क्या होगा अब इन शिशुओं का?
सुना है, साझे की हमारी यह सरकार
कुछ सोच रही है इनके बारे में
शायद मासिक ग्रांट बाँध देगी
खरीद लेगी 'मुक्ति प्रसंग' की शेष प्रतियाँ
कुछ न कुछ ज़रूर करेंगे महामाया बाबू
मुझे विश्वास है, और मित्रों से सुना भी है
वो अवश्य देंगे ध्यान
मुक्ता और दिव्या और नीलू पर...
ओ स्नेही पिता, फ़िक्र न करना
अब तुम इन बच्चों की,
शशी सम्भाल लेगी इनको!
सुना है तुम्हारे नाम पर उगाह रहे हैं लोग चन्दा
बंगाल में, राजस्थान में, दिल्ली में, कलकत्ते में!
काश, उसमें से थोड़ी रकम
पहुँच पाती यहाँ तक
यानी मुक्ता-दिव्या-नीलू तक!
शायद पहुँच ही जाय!
न, नहीं पहुँचेगी शायद!!
जाने भी दो, फूलबाबू!

तुम खुद ही ढेर-सा धन छोड़ गये हो
नहीं छोड़ गये हो ?
छोड़ गये हो कि !
भली-भाँति मालूम है मुझको,
अभी ढेर-सा साहित्य है अप्रकाशित
कविताएँ, कहानियाँ, नाटक, निबन्ध...
तैयार होंगी पुस्तकें दसियों...
सचमुच बहुत-कुछ छोड़ गये हो फूलबाबू,
फ़िक्र न करना ज़रा भी !
और भला, कहता है कौन कि तुम रहे नहीं !
आज ही सवेरे देखा है मैंने
भिखना पहाड़ी से निकलकर
जा रहे थे, स्टेडियम की तरफ़...
कहाँ गये थे, फूलबाबू ?
राजेन्द्रनगर ? बहादुरपुर ? कंकड़बाग ?
ओह, बच्चों के लिए आम लेने गये थे !
थी न यही बात ?
१८ रुपये के सौ ठो मिले थे !
जरूर लंगड़ा रहा होगा।
कच्चा लेकिन पकने को तैयार...
अच्छा किया, ले आये आप...
लगाएँगे भोग मुक्ता-दिव्या-नीलू !
अभी उस रोज़
दर्द की टीसों को चाँपते-चाँपते
उपाध्याय से कहा तुमने :
"माँ नाराज़ हो गयी है
अब मैं महिसी नहीं लौटूंगा
वह नहीं चाहती है देखना मेरा चेहरा
बेहद रंज है माँ मुझ पर
अब बचूंगा नहीं, ना, नहीं बचूंगा..."
तो क्या सचमुच इतना कुपित थी वो तुम पर ?

माँ उग्रतारा—
ग्राम देवता महिसी वाली
तुम्हारी कुलदेवता...
इस क़दर रंज हो उठी थी तुम पर ?
और इसी से भाग आये थे तुम ?
नहीं फूलबाबू, यह भ्रम था
कोरा भ्रम था तुम्हारा !
माँ भला नाराज़ होगी अपने पुत्रों पर ?
मैं क्या अपरिचित हूँ
पहचानता हूँ अच्छी तरह...
कृष्ण-लोहितवर्णा पाषाणी
चार बाँहों वाली उग्रतारा देवी
मैंने भी चढ़ाये हैं उसके चरणों पर नील कमल
चढ़ाया है ताज़ा आच्छिन्न जल
हासिल किया है उसका प्रसाद...
यह क्या, इतने दिनों बाद
सुनी है माँ की शिकायत
और, सो भी तुम्हारे मुँह से, फूलबाबू !
क्यों भला यूँ ही रंज हुई करुणामयी तारा
किया होगा आखिर
कुछ तो अनाप-शनाप तुमने !
बतलाया उपाध्याय चन्द्रमौलि ने :
माँ का ज़िक्र करते समय
बुरी तरह काँप रहे थे तुम्हारे होठ
दहशत में डूबी थी धँसी-धँसी आँखें
समझ नहीं पाया मैं
ऐसी क्या बात हुई...
ज़रूर ही किया होगा तुमने
माँ के दरबार में थोड़ा कुछ व्यतिक्रम
बहरहाल, हमेशा के लिए अब तो
चुप हो गये हो फूलबाबू !

ग्रामीन मणीन्द्र !
ग्रामीन राजकमल !
अलविदा फूलबाबू !
अच्छा एक बात और...
फूलबाबू, यह सावित्री कौन थी ?
'स्वरगंधा' के पृष्ठों में
बार-बार आता है बेचारी का नाम !
कौन थी वो जिसने लिये बाँध
चार दिनों के लिए तुम्हारे प्राण ?
कौन-सा था वो नगर—
"रूपालोकित पर्वतीय ?
मसूरी तो नहीं ?"
चुप क्यों हो गये ?
बतलाओ न !
किसी से नहीं कहूँगा...
हाँ, सच, नहीं कहूँगा किसी से !
"मुहूर्तं
ज्वलितं
श्रेय:
न च
धूमायितं
चिरम्..."
क्या मतलब इसका ?
मतलब बतला दूँ !
तो सुनो, ओ हे अशरीरी प्रेत !
"बेहतर है घड़ी-आधी घड़ी दहकना,
लम्बी मुद्दत तक
ठीक नहीं छोड़ते रहना
धुआँ ही धुआँ, धुआँ ही धुआँ !"
यानी हमारे पूर्वजों को नफ़रत थी
बड़ी उम्र के निठल्लेपन से,

तुमने अच्छा किया, खूब किया
झोंक दिया अपना जीवन
जल्दी-जल्दी ताबड़तोड़ !
निर्धूम अग्नि के मध्य
तुम्हारा यह आत्मदाह
भूल नहीं पाऊँगा, आह !
रहते अब अगर और जीवित
फट जाता बीचोबीच तुम्हारा माथा !
कित्ती बेचैनी थी, जाने अन्दर क्या था !
हाँ, यदि तुम अब और
रह जाते दस-पन्द्रह-बीस साल
तो इस सदी के सरहपा या डोंबीपा होते
चर्राता शौक जूतियों की माला पहनने का !
भले ही सिद्ध कहकर अलग से फुसफुसाते
मगर निकल जाते कन्नी काटकर
छोड़ देते तुम्हारी राह
दूर, बहुत दूर, भद्रजन !
हाँ, अब और जीते
तो, निश्चय ही मिलती तुम्हें भी कोई कुबेर गृहिणी.
दिलवाती मासिक वेतन
१५००...२५००...३५००...
दिल्ली-बम्बई-कलकत्ता-मद्रास
कोई भी महानगर
दिव्यधाम बनता तुम्हारा
लेकिन, तुम तो बीच में ही दगा दे गये हो दुष्ट !
अच्छा किया, उठ गये हो दुष्ट
खूब रहा...
पा गये हो छुटकारा भवसागर के थपेड़ों से !
अपन तो भई, थेथर है...
निर्लज्ज, बेहया, कठजीव...
मरेंगे नहीं जल्दी...

हमारे दिल में

वल्लतोल हमारे दिल में
विश्वशांति औ' नवरचना के
शुभ-संकल्प जगाते हैं।
गंगा-जमुना के पुलिनों पर
अपने केरल के ओणम का
मेला यहाँ लगाते हैं।

वल्लतोल हमारे दिल में
विश्वशांति औ' नवरचना के
जी हाँ, जी हाँ, शुभ-संकल्प जगाते हैं।

चन्दन की ख़ुशबू के झोंके
जन-जीवन में
ताज़ापन ही भरते हैं
हथियारों के सौदागर तो
भू-मण्डल को
वायु-प्रदूषित करते हैं।
चन्दन की ख़ुसबू के झोंके
जी हाँ, जी हाँ, जन-जीवन में
ताज़ापन ही भरते हैं।

केरल की सरसब्ज़ भूमि पर
धान-नारियल-काजू वन की
हरियाली लहराती है
श्रमिकों-कृषकों की नव-संस्कृति

सुधी-जनों के अन्तर्मन में
दिन-से-दिन गहराती है
केरल की सरसब्ज़ भूमि पर
जी हाँ, जी हाँ, हरियाली लहराती है ।

वल्लतोल हमारे दिल में
विश्वशांति औ' नवरचना के
शुभ-संकल्प जगाते हैं ।

शैलेन्द्र के प्रति

गीतों के जादूगर का मैं छंदों से तर्पण करता हूँ।
अपने युग की व्यथा-कथा ही कड़ियों में ढलती जाती थी
जाने, कितना नेह भरा था, बाती थी जलती जाती थी
गीत तुम्हारे गूँज रहे हैं अब भी लाख-लाख कानों में
होठ तुम्हारे फड़क रहे हैं छाया-छवि की मुस्कानों में
सच बतलाऊँ, तुम प्रतिभा के ज्योतिपुत्र थे, छाया क्या थी
भली भाँति देखा था मैंने, दिल ही दिल थे, काया क्या थी
जहाँ कहीं भी अन्तर-मन से ऋतुओं की सरगम सुनते थे
ताज़े कोमल शब्दों में तुम रेशम की जाली बुनते थे
जन-मन जब हुलसित होता था, वह थिरकन भी पढ़ते थे तुम
साथी थे, मज़दूर-पुत्र थे, झंडा लेकर बढ़ते थे तुम
युग की अनुगुंजित पीड़ा ही घोर घन-घटा सी गहराई
प्रिय भाई शैलेन्द्र, तुम्हारी पंक्ति-पंक्ति नभ में लहराई
तिकड़म अलग रही मुस्काती, ओह, तुम्हारे पास न आई
फ़िल्म-जगत की जटिल विषमता आखिर तुमको रास न आई
ओ जन-जन के सजग चितेरे, जब-जब याद तुम्हारी आती
आँखें हो उठती हैं गीली, फटने-सी लगती है छाती
प्रिय साथी शैलेन्द्र! जुहू तट की वे बातें भूल न जाना
भूल न जाना, साथ बैठकर उस प्रकार लिखना-लिखवाना
इन दस वर्षों के सुख-दुख का भोग-भाग अर्पण करता हूँ।
गीतों के जादूगर का मैं छन्दों से तर्पण करता हूँ।

माधवन् आनन्द शंकर…

दक्षिण समुद्र में
कन्याकुमारी के निकट
आज से पचास वर्ष पहले
उठा था भारी तूफ़ान—
नीरव, उत्तराभिमुख...
उसी वात्याचक्र में
उड़कर आया इधर
चन्दन का एक बिरवा !

पचा चुका है जाने कितनी बार
जहरीले सर्पों के प्राणशोषी दंशन
पहन चुका है जाने कितनी बार
पुरानी केंचुलों की जगमग हार
खीझ-खीझकर जाने कितने तक्षक
फेंक गये हैं मणि हज़ार-हज़ार
फिर भी यह खड़ा है निरपेक्ष, निर्विकार
लुटाये जा रहा है सौरभ लगातार
मिला था मलयद्रुम यह उत्तर को उधार
धन्य है मंदार...
...धन्य है बड़भागी बिहार !

वो देखो, वो देखो—
झुक गये हैं कैसे
नंग-धड़ंग खजूर
लंबे-लंबे ताड़

कर लो स्वीकार, बंधु
प्रीतिस्निग्ध वंदन
श्रो श्रद्भुत शीलगंधी चंदन !

वो देखो, वो देखो...
झुलस गये कैसे
बरगद श्रौर पीपल के पात
पसंद नहीं श्राई है उनको यह बात
मगन हैं लेकिन महुश्रा श्रौर नीम
मगन हैं सीसम, मगन श्रमलतास
तृण-लता-गुल्म तक
दे रहे तुमको बंधु, श्रांतरिक स्पंदन
एक-एक उद्भिद् करेगा श्रभिनंदन
श्रो श्रद्भुत शीलगंधी चन्दन !

भवताप तप्त...
श्रहर्निश के श्रभिशप्त...
तरुणों के लेखे तुम मातृतुल्य श्रभयंकर
तुम विनिद्र वाल्मीकि प्रतिभा के
समझ न पाएंगे तुम्हें
सात-सात ऋषि, दस-दस दिक्पाल
दीपंकर तुम, तुम विमलशील ?
बन्धु, तुम युग-युग जियो
माधवन् श्रानन्द शंकर !

महाप्रभु जान्सन (क)

चले गये अंग्रेज़, दब गये राजा और नवाब
आसमान में उड़ी मछलियाँ, चूहे बने उकाब
दया-धरम की बाढ़ आ गयी इस बाड़े के अंदर
बीन रहे खैराती दाने बिना पूँछ के बंदर

हम काहिल हैं, हम भिखमँगे, तुम हो औढरदानी
अब की पता चला है प्रभुजी, तुम चंदन हम पानी
हम निचाट धरती निदाघ की, तुम बादल बरसाती
अबकी पता चला है प्रभुजी, तुम दीपक हम बाती

खुली आँख सोये हैं, ठोकर मारो, हमें जगाओ
वीराने में फँसे पड़े हैं, अब की पार लगाओ
प्रभुजी, तुम्हीं सिफ़ारिश कर दो, ढरे लिबर्टी मैया
अड़ी दरिद्रा की रेती में आज़ादी की नैया

पूरब - दक्खिन, पच्छिम - उत्तर, जो चाहे सो आये
हमें न पूछे, तुम्हें पूछ ले फिर झंडा फहराये
कभी उबाल नहीं खाना है, पकड़े हमने कान
पूरा का पूरा अंचल ही दे देंगे हम दान

अब की मचली जाने कैसे मिट्टी की तरुणाई
सभी रह गये दंग, बात कुछ कहाँ समझ में आई
अंदर - अंदर हम भी तो हैं तरुणों से भयभीत
हमें नहीं भाते हैं इनकी बहादुरी के गीत

हमें बुद्धि दे, बल-वैभव दे, वही लिबर्टी माता
जिसे मना आये हैं दसियों भारत-भाग्य-विधाता
मास्को-फास्को में क्या रक्खा, पहुँचें, चलो शिकागो
नये बुद्ध से, ज्ञानदान ले आएँ, सरपट भागो

जय जान्सन, जय महाप्राज्ञ, जय नवयुग के अमिताभ
एक तुम्हीं पर अवलंबित हैं भारत के 'शुभ-लाभ'
मिले तुम्हारी चरण-धूलि तो यह मिट्टी हो सोना
श्वास-सुरभि से महके इस कानन का कोना-कोना

महाप्रभु जान्सन (ख)

बहुत बड़ा मसान है
रात-दिन धू-धू करती हैं चिताएँ
आएँ महाकापालिक, आएँ
इसी दग्ध भूमि पर अपना आसन जमाएँ।

यहीं करें आप यथारुचि यथाशक्ति शव-साधन
कुत्ते और गीध करेंगे आपका आराधन
मिलेंगे यहाँ आपको शुद्ध निर्दोष मुर्दे
ताज़ा है कलेजा, अविकृत हैं गुर्दे
आएँ आप महामहिम, आएँ
इसी दग्ध भूमि पर अपना आसन जमाएँ।

साथ ले आना अपनी चंडियाँ चामुंडाएँ
मिलेंगी यहाँ उन्हें अभिनव मुंडों की मालाएँ
लेटा है चित व्योमकेश त्रिलोचन धूर्जटि
खाली है विशाल वक्ष
होकर सवार उस पर नाचें पिशाचिनी प्रमदाएँ
दसियों काल-भैरव देंगे आठों याम मसान का पहरा
होगा हवनकुंड का किनारा मौत के कुएँ का लहरा
देखेगी दुनिया आत्मसिद्धियों के चमत्कार
आएँ महाकापालिक, देर न करें अब की बार।

क्या है वियतनाम, क्या है कच्छ, क्या है काश्मीर
रुकेगा नहीं ग्रापका रथ, ढहेंगे सारे प्राचीर
हुए हैं ग्रर्जुन को फिर से विश्व-रूप के दर्शन
सिर धुनता है थोरो, खीझता है इमर्सन
हो रही है तैयार गीता की नयी टीका
बासी हुग्रा कर्मयोग, वेदांत फीका
ग्रस्तमित तथागत, मूर्च्छित चैतन्य
सुप्तप्राय रामकृष्ण, हतप्रभ विभूतियाँ ग्रन्य
सज्जित है पीठिका, क्षेत्र है तैयार
ग्राएँ महाकापालिक, देर न करें ग्रबकी बार।

रहे गूंजते बड़ी देर तक

सुने इन्हीं कानों से मैंने तुतलाहट में गीले बोल
तीन साल वाले बच्चों के प्यारे बोल, रसीले बोल :
"मेले नाम तेले नाम
बिएनाम बिएनाम
मेले नाम तेले नाम
बिएनाम बिएनाम !"

दंग रह गया सुनकर मैं तो वियतनाम का कीर्तन
दंग रह गये नयन, दिखे शिशुकर-चरणों के नर्तन
नयी लगी मुझको श्रमिकों की बस्ती वही पुरानी
दमक रहा था शिशु-मुखड़ों पर तरुणाई का पानी
भूल गया जाने क्यों मुझको अपना दुसह बुढ़ापा
उनकी तुतलाहट से यह बासी स्वर अपना नापा।

उन बच्चों की ग्रीवाओं में रग-रग फूल रही थी
बाल दृगों में जाने कैसी आशा झूल रही थी
छोटी-छोटी झण्डी थामे मुन्ने प्यारे-प्यारे
अग्रज पीढ़ी की अनुकृति में लगा रहे थे नारे :
"मेला नाम बिएनाम
तेला नाम बिएनाम
बिएनाम बिएनाम
बिएनाम बिएनाम !"

मैंने सोचा :
निर्भय होकर शोषण की बुनियादें यह खोदेंगे

मैंने सोचा :
    बेबस बूढ़े विप्लवियों का कालिख यह धो देंगे
मैंने सोचा :
    फिरकाबन्दी—जातिवाद का झाड़ेंगे यह भूत
मैंने सोचा :
    निबिड़ विषमता को मिटायेंगे
            नवयुग के शिशु-दूत !

रहें गूँजते बड़ी देर तक
इन कानों के अन्दर
तुतलाहट में गीले बोल
प्यारे बोल, रसीले बोल :
"मेले नाम
तेले नाम
बिएनाम
बिएनाम !"

बाढ़ : '६७–पटना

छः महीने का अकाल
दस महीने का संकट—
सभी को दे गयी मात
अबकी यह चार दिनों की बरसात
हफ्ता भर डूबे रहे राजेन्द्रनगर-कंकड़बाग
धो दिया पुनपुन ने पटना की धरती का सुहाग
हथिया नक्षत्र में सुनेंगे फिर क्या हम बादल राग
ग़रीब नागरिकों की किस्मत में लग गयी आग
सरकार तक मिटा न पायेगी दाग़ ।

नफीस से नफीस कारों को हो गया है जुकाम
तरावट में डूबी सड़कें कर रही थीं आराम
छोटी-छोटी गलियों का था बहुत बुरा हाल
रह न गया नालों-नालियों में सफाई का मलाल
पाकर अभिजात घरानों की देवियों का अंगस्पर्श
मिला पुनपुन को बाढ़ के माध्यम से अनूठा हर्ष
टुकर-टुकर रह गयी देखती गंगा बेचारी
अदना से अदना नदियों ने भर दिये रिकार्ड सरकारी
सिकुड़े रहे अफ़सर, 'चरण कमल' भीगने न पाये
धँसना न पड़े पानी में, बूट-मौजे उतर नहीं जायें
देते रहे दिलासा उन्हें होमगार्ड के जवान
'हमारे जीते जी हुजूर काहे होंगे परेशान'
अभी उस रोज़, नाव पर मिले एक प्रखंडाधिकारी
सुसज्जित, सुवासित, चेहरे पर चमक थी सरकारी
बोले, "गनीमत है साहब, दया भगवान की

बच गये अपन तो, आ पड़ी थी जान की
खायी थी बाढ़ के पानी में पैर न भिगोने की कसम
प्रण हुआ पूरा, दिखलायी है खुदा ने रहम
छुट्टियाँ भी तो साली जाने कितनी थीं जमा
घिरे थे पानी में, मगर बच्चों में दिल खूब ही रमा
फेमिली यहीं थी, भरा-पूरा था राशन
डल की झील में शिकारे पर सलामत था इन्द्रासन
अभी तो और भी पाँच-सात रोज़ आराम में गुज़ारेंगे
अपन तो मौज है, रिलीफ-सिलीफ कुच्छों नहीं करेंगे !"
इतने में ऊपर मँडराता दिखा हवाई जहाज
मुस्कुराये साहब, कहा, "अमर रहे पाँच पार्टियों का राज !"
"कौन होगा ?" मैंने पूछा तो बोले वो पनातुर
"भोलाप्रसाद, इन्द्रदीप, या फिर कपूरी ठाकुर...
हाँ, हाँ, और भला कौन हो सकता है !
इनका तो जो नहीं अघाता है, तन नहीं थकता है
बाप रे बाप, किस तरह करते हैं गगन-विहार
हवाई निरीक्षण से ही होगा पब्लिक का उद्धार...
अच्छा, आपका तो नहीं है किसी दल से सरोकार ?
पढ़े-लिखे लोग हैं, आपसे डरता हूँ सरकार !"
मैंने कहा : "कोई बात नहीं, आते ही रहते हैं संकट
कहाँ तक होइएगा परेशान, पानी भी तो रहा घट !"
मधुकर गंगाधर ने लिये थे फ़ोटो झटपट
कैमरे की रील घूम गयी खट-खट-खट ।

एस-डी-ओ, कलक्टर, कमिश्नर, सब के सब थे मशगूल
मिनिस्टर पहन नहीं रहे थे माला, ले नहीं रहे थे फूल
सब के सब व्यस्त थे, जुटे थे रिलीफ़ के कामों में
फैल गये थे हज़ारों आफ़िसर नगरों में, ग्रामों में
आया यह अकाल के फ़ौरन बाद महा-काल
हाय बेचारे बी० पी० मण्डल, तुम्हें ही होना था हलाल
आती रहे मुसीबत पे मुसीबत, सुदृढ़ हों महामाया बाबू

नया-नया शासन है, बाधाओं पर रहे भी तो क़ाबू
हाय-हाय लाड़ले हमारे छोटे-बड़े आफ़ीसर
पड़ी है किसे, कौन रखता है भला आपकी खबर
खटते थे तब भी, अब तो और भी खटते हैं
दुपहर-रात तक फ़ाइल पे फ़ाइल पलटते हैं
पर्वाह नहीं कुछ भी, चलता रहे आपस में कीचड़-उछालन
और भला होगा क्योंकर मच्छरों-मेढ़कों का लालन-पालन
हार का डर नहीं, न जीत का प्रलोभन
तमाशा है चुनाव इनके लिए, परम सुशोभन
चलती है हुकूमत अफ़सर की तीस-पैंतीस साल
रहेंगे मिनिस्टर पाँच वर्ष रामलाल-श्यामलाल
इसीलिए हाहुत्ती तरह मन्त्री खाते हैं चक्कर
तेल के कोल्हू से निकालना चाहते हैं शक्कर
मिनटों में निकला नहीं क्यों बाढ़ का पानी ?
डूबी रही दस दिन क्यों बिहार की राजधानी ?
बीस जगह पुनपुन तटबन्ध क्यों टूटा ?
पाप का बीस-साला घड़ा क्योंकर इसी बार फूटा ?

वाह वाह रे छोकरों की जमात !
तुमने कर दी है मात
बूढ़ों की चकल्लस मान गयी हार
देख के तुम्हारा नौका-विहार
कैमरा था गले में, ट्रांज़िस्टर बाँह में
मुखर थी मुद्राएँ मुस्कानों की छाँह में
उछल रहे थे चूतड़, मटक रहे थे कूल्हे
नवाब के नाती थे, राजा के दूल्हे
लगता था कहाँऽऽ
कि संकट-फंकट है यहाँऽऽ !

दिन लदे सिंहासनराय के

बैल के सींगों पर प्राण टँगे गाय के
बाघ हँसा, बकरी चली गयी मायके
दिन हैं लद चले 'सिंहासन-राय' के
मिल गये आँतों को 'षटरस' ज़ायके
बैल के सींगों पर प्राण टँगे गाय के।

गाय के प्राण टँगे सींगों पर बैल के
कौन भला नकेल डाले बिगड़ैल के
सियासत राह में लेट गयी फैल के
भाफ है ऊपर मज़हबी तुफ़ैल के
गाय के प्राण टँगे सींगों पर बैल के।

रूठ के चली गयी बुआ

जाने क्या तो हुआ !
रूठ के चली गयी बुआ ! !
और भी बुजुर्ग हैं, करते रहेंगे जुगाली
बुआ के बिना मगर सदन लगे ख़ाली
जाना था तो कह के जातीं
जल्दी भी क्या थी, रहके जातीं
हमने तो कभी उन्हें माना नहीं ग़ैर
हो रही थीं बोर तो कर आतीं सैर
अजी, क्या कहूँ आपसे वो तो खैर
गुस्से में भी दे गयी दुआ !
चुपचाप चली गयी बुआ ! !

वीरान हुई अपनी वो रियासत 'फूलपुर'
लाखों मतदाता हटके चले गये दूर !
कौन उन दईमारों को लायेगा पास ?
सीट थी वो हमारी अपनी खास...
कर दिया बिला-वजह बैलों को आज़ाद
खोल दिया अपने हाथों जुआ !
जाने क्या तो हुआ !
रूठ के चली गयी बुआ ! !

शासन की बंदूक

खड़ी हो गयी चाँप कर कंकालों की हूक
नभ में विपुल विराट-सी शासन की बंदूक

उस हिटलरी गुमान पर सभी रहे हैं थूक
जिसमें कानी हो गयी शासन की बंदूक

बढ़ी बधिरता दसगुनी, बने विनोबा मूक
धन्य-धन्य वह, धन्य वह, शासन की बंदूक

सत्य स्वयं घायल हुआ, गयी अहिंसा चूक
जहाँ-तहाँ दगने लगी शासन की बंदूक

जली ठूंठ पर बैठकर गयी कोकिला कूक
बाल न बाँका कर सकी शासन की बंदूक

आये दिन बहार के

'स्वेत-स्याम-रतनार' अँखियाँ निहार के
सिण्डकेटी प्रभुओं की पग-धूर झार के
लौटे हैं दिल्ली से कल टिकट मार के
खिले हैं दाँत ज्यों दाने अनार के
आये दिन बहार के !

बन गया निजी काम—
दिलाएंगे और अन्न दान के, उधार के
टल गये संकट यू० पी०-बिहार के
लौटे टिकट मार के
आये दिन बहार के !

सपने दिखे कार के
गगन-विहार के
सीखेंगे नखरे, समुंदर-पार के
लौटे टिकट मार के
आये दिन बहार के !

अब तो बंद करो हे देवी यह चुनाव का प्रहसन !

कीर्ति-पताका फहराती है किस प्रकार अंबर में
लोल लहरियों पर सवार हो जन-मन के सागर में
देवि, तुम्हारे स्वर सुरभित हैं युग के आह्वानों से
तरुण तुर्क रुद्राक्ष को तरह लटक रहे कानों से

प्रतिपक्षी भी सुस्त पड़ गये, जाने क्या है कारण
निर्वाचित प्रभु पूजा करते, गुण गाते हैं चारण
संविधान की रुई रुपहली भद्रलोक धुनते हैं
देवि, तुम्हारे स्टेनगनों से तरुण मुंड भुनते हैं

स्वाद मिला असली सत्ता का, क्यों न मचाएँ शोर
पूँछ उठाकर नाच रहे हैं लोक सभाई मोर
तुम उनकी रानी-अधिरानी, निर्मम निठुर कठोर
गीदड़-भालू, शेर-साँप सब तो हैं मुग्ध-विभोर

बड़े-बड़ों का पानी तुमने कैसे दिया उतार
वीराने में ठूँठ मुखर हैं, सुन लो जै-जैकार
बहुत प्रबल हैं भाग्य तुम्हारे, ग्रह हैं परम उदार
तंत्र, मंत्र, ज्योतिष, ओझाई सभी हुए बेकार

भौंचक तुम्हें निहार रहे हैं दुनिया के नटनागर
अजी देख लो, झुका हिमालय, सूखे सातों सागर
देवि, तुम्हारी खातिर खिलती दिन में रजनीगंधा
सिंह चकित है, महिषासुर ने झुका दिया है कंधा

अधभूखे-अधनंगे डोलें हरिजन - गिरिजन वन में
खुद तो चिकनी रेशम डाटे उड़ती फिरो गगन में
महँगाई की सूपनखा को कैसे पाल रही हो
शासन का गोबर जनता के मत्थे डाल रही हो

सोशलिज़्म की नयी ऋचाएँ आजीवन-चबलाएँ
हम तो माई सहज दास हैं, तुम पै बलि-बलि जाएँ
तुम देवी दस बाँहों वाली, हम हैं बकरे बलि के
आज नहीं तो कल निश्चय ही भोग चढ़ेंगे कलि के

मध्यवर्ग की दुम हैं हम, तुम उच्चवर्ग की दुम हो
जिसका रस औषध बनता है, वह निर्गंध कुसुम हो
पग-पग पर तुम लगा रही हो, परिवर्तन के नारे
जन-युग की सतरंगी छलना, तुम जीतीं, हम हारे

अशुभ शक्तियों के खिलाफ़ अब योगी युद्ध करेगा
कावेरी का निर्मल जल हडसन को शुद्ध करेगा
वोल्गा-तट पर करें रात-दिन गंगा-पुत्र विहार
वामपंथ के पथिक तुम्हारी सूरत रहे निहार

आश्वासन की मीठी वाणी भूखों को भरमाती
पाला पड़ता है, लेकिन, वह नंगों को गरमाती
जन-मत को आडम्बर प्रिय हैं, प्रिय हैं उसको नाटक
खोल दिये हैं तुमने कैसे इन्द्रसभा के फाटक

महँगाई की सूपनखा के दाँत हो गये पैने
चमके चिकने ध्वज पटलों पर महाकाल के डैने
मधुर-मदिर भ्रम हमें मुबारक, तुम्हें मुबारक सपने
देवि, सँभालो, यहाँ-वहाँ नव-सामन्तों को अपने

लाभ-लोभ के असुर भद्र वेशों में घूम रहे हैं
तुम पर अर्पित फूलों की पंखड़ियाँ चूम रहे हैं
फेनिल लहरों के रंजित छत्रों पर आसन मारे
गिनती जाओ कल्पित सूरज, कल्पित चाँद-सितारे

नील कमल कानन में होती रहे अनल की वृष्टि
जंगखोर थैलीशाहों की बनी रहे शुभ दृष्टि
शत-सहस्र लंका - पुत्रों के कटे शिरों की माल
बिना झिझक, अपनी ग्रीवा में ली है तुमने डाल

पूर्व बंग धो रहा देश के बँटवारे का पाप
अपनी प्रभुता का उथलापन छिपा रही हो आप

कटी नासिका भारत - पुत्री ढूंढ न पायी मोम
इस मसान में हुए इकट्ठे दुनिया भर के डोम

अपनी गर्दन आप काट लो, करो प्रणति साष्टांग
द्रवित न होंगे किंचित भी तुम पर पिशाच गौरांग
अभी और भी पैने होंगे अपने भी तो दाँत
डायन के गुर जान गयी हो, चबा रही हो आँत

कार्तूसों की माला होगी, होगा दृश्य अनूप
हथगोला-पिस्तौल-स्टेनगन सज्जित चंडीरूप
अब की अष्टभुजा का होगा खाकी वाला भेष
श्लोकों में गूंजेंगे अबकी फौजी अध्यादेश

कंकालों की मालाओं के सौ - सौ बंदनवार
कहाँ नहीं हैं सज्जित, शोभित ग्राम-नगर-रथ द्वार
देवि, दशभुजे! चालू हैं दैनंदिन गगन-विहार
ब्रह्मा-विष्णु-महेश सभी हैं स्वागत हित तैयार

मत-पत्रों से भरी पेटियाँ नभ में नाच रही हैं
बंदूकें उनकी सहेलियाँ, जो हाँ साथ वही हैं
उड़ते - हिलते फुर्तीले कर ठप्पे मार रहे हैं
मौसम चुप है, पीले पत्ते सोच-विचार रहे हैं

ताजे - टटके मतपत्रों पर जमें लहू के दाग
बैलट की जादुई पेटियाँ लील रही हैं आग
कंकालों से महाजनों की करनी है रखवाली
और अधिक लंबी हो आयी जीभ, चकित है काली

नोटों की गड्डियों-लाठियों-बन्दूकों की जय हो
बोगस मतपत्रों से बोझिल सन्दूकों की जय हो
गोमुख व्याघ्र बने फिरते हैं, दुनिया को छलते हैं
देवि, तुम्हारी छत्र-छाँह में चंड-मुंड पलते हैं

मतवाले पंडों की थिरकन, देख रहा हूँ गुमसुम
भक्तों- पुजारियों की पुलकन, देख रहा हूँ गुमसुम
सौध-सौध पर दीपावलियाँ, देख रहा हूँ गुमसुम
संगीनों में गुम्फित कलियाँ, देख रहा हूँ गुमसुम

भारत-माँ के कृश शरीर पर बहुमत का गुलरोगन
चमक उठा, वह क्यों न करे अब झुक-झुक कर अभिवादन
ऐसी हवा बहा दी तुमने, झूम उठा है जन-मन
अब तो बन्द करो, हे देवी, यह चुनाव का प्रहसन

मूँह में तीन रंग का झंडा चाँपे बाघ खड़ा है
देवि, तुम्हारा असली वाहन जी का बहुत कड़ा है
बछड़ा वाली गाय उधर सहमी-सी कहीं खड़ी है
गर्म-सुर्ख लोहे की निर्मम-निष्ठुर छाप पड़ी है

तानाशाही रंगमंच पर प्रजातंत्र का अभिनय
देख रहा हूँ हिंसा का ही मैं असत्य से परिणय
सुनता हूँ, वे चीख रहे हैं, देवि, तुम्हारी जय-जय
देख रहा हूँ, सभी लुटेरे घूम रहे हैं निर्भय

संकट में थे; अजी हमारा बेड़ा पार हुआ है
सभी दंग हैं जगत्-तारिणी का अवतार हुआ है
दसों हाथ मज़बूत हो गये, लंबी दसों भुजाएँ
ललकारा है तुमने, जिनको आना हो, वे आएँ

किया वहाँ छापेमारों ने नव-युग का शृंगार
चकित-मुदित, मैं, देख रहा हूँ सीमा के उस पार
पाकिस्तानी फ़ासिस्टों का हुआ वहाँ संहार
चकित-मुदित, मैं देख रहा हूँ सीमा के उस पार

अजी वहाँ पर तरुण रक्त की बही धार पर धार
व्यथित-मथित, मैं देख रहा हूँ सीमा के उस पार
नया राष्ट्र जनमा, धरती ने झेले कष्ट अपार
मुग्ध-मुदित, मैं देख रहा हूँ सीमा के उस पार

कैसे कैसे घूमे घातों-प्रतिघातों के चाक
बीस साल का अर्सा, सौ-सौ आँचों का परिपाक
वहाँ क्रांति की रक्त-शिखा प्रलयाग्नि बन गयी आप
पूर्व बंग धो चुका देश के बटवारे का पाप

तरुणाई पर हावी होगा प्रौढ़ों का नव-तंत्र
बंग-बन्धु के होंठ जपेंगे, देवि, तुम्हारा मंत्र

मिला गुरिल्लों के कन्धों पर 'जन-सत्ता' को ठौर
पूर्व बंग में पूर्ण हुआ विप्लव का पहला दौर
शत-सहस्र छापेमारों का पता नहीं चलता है
कारों के जमघट में रिक्शा कुढ़ता है, जलता है
चुसा-पिसा-निचुड़ा है जन-जन, शक है, युग छलता है
नया राष्ट्र है, नौकरशाही के हाथों पलता है
देवि ! तुम्हारे दायें-बायें यह मुजीब - सिद्धार्थ
नये सिरे रे साधेंगे अब स्वार्थ और परमार्थ
दिग् - दिगन्त रौदेंगे इनके अश्वमेध के घोड़े
होंगे हाथों में चाँदी की मूठों वाले कोड़े
अभी और भी विप्लव होंगे और बहेगा खून
तरुण शक्ति तोड़ेगी सौ-सौ 'नियम और कानून'
महाक्रांति के प्रबल वह्नि में शोधित होगी सत्ता
अरुणाई में दमक उठेंगे ढाका और कलकत्ता

कुत्ते ने भी कुत्ते पाले, देखो भाई

कुत्ते ने भी कुत्ते पाले, देखो भाई !
पैदल चलने वालों की तो शामत आई !
इन्हें सुलभ है फ्रिजवाली वो बरफ-मलाई
किश्तों में भूँका करते हैं, बस, प्रभु के हैं उत्तरदाई
बूढ़ों तक की करते हैं ये खाल-खिंचाई
इनके लेखे जैसे बाभन, वैसे नाई
पैदल चलने वालों की तो शामत आई
कुत्ते ने भी कुत्ते पाले, देखो भाई !

पा ग़ये हैं

पा गये हैं
एक सुदृढ़ सुनिश्चित अवलम्ब
सदियों बाद, इस देश में
रजोगुण और तमोगुण
समन्वित-समेकित तौर पर
नये महाप्रभुओं के डेढ़-दो-ढाई सौ खानदान
बैठ गये हैं जमकर सीने पर बहुजन समाज के।
कूड़ों के ढेर पर निकल आये हैं कुकुरमुत्ते—
बहुरंगी छतरियों वाले
उन्हीं के इंगित स्फूर्ति भर रहे हैं
ज़हरीले साँपों में, हिंस्र जन्तुओं में
दूर, एक टेकरी पर विराजमान है मादा भेड़िया—
अभी-अभी सलाम बजा के निकल गये हैं
सिंह, बाघ, रीछ, भालू, गीदड़...
गर्मीली चितवन में इधर-उधर देख रही है
मादा भेड़िया...
यह लो, झूमता-झामता आ पहुँचा
छोटे-बड़े-मझोले हाथियों का झुण्ड
सबकी सूड़ें ऊँची उठी हैं
आये हैं वे शतदल कमलों की भेंट चढ़ाने
भेड़िया की चरणों में...

प्रजातंत्र का होम

सागर - कन्या रेत पर सोयी सारी रात
जाने कैसे जुड़ गयी पर्णकुटी की बात
पर्णकुटी की बात जुड़ गयी जाने कैसे...
मथा गया सागर निकले पैसे ही पैसे
संस्कृत में गालियाँ सुनेगी फिर भी धन्या
सोयी सारी रात रेत पर सागर-कन्या

सामन्तों ने कर दिया प्रजातंत्र का होम
लाश बेचने लग गये खादी पहने डोम
खादी पहने डोम लग गये लाश बेचने
माइक गरजे, लगे जादुई ताश बेचने
इन्द्रजाल की छतरी ओढ़े श्रीमन्तों ने
प्रजातंत्र का होम कर दिया सामंतों ने

चन्दन कहे कपूर से, चलो, चलें उस ठौर
वहाँ मचलते गन्धमृग, हवा वहाँ की ओर
हवा वहाँ की ओर, चौर सब शेर डुलाते
वनदेवी के श्रीमुख-सौरभ हमें बुलाते...
चलो, बुलावा आया अबकी बहुत दूर से
चलो, चलें उस ठौर, कहे चन्दन कपूर से

कण-कण से उठती रही सहमी जै-जैकार
भाई के उर पर हँसा शिशु-मुंडों का हार
शिशु-मुंडों का हार हँसा भाई के उर पर
शंख निछावर हुए पगों के नूपुर-सुर पर
गूँजा नभ बौने तानाशाहों की प्रण से
सहमी जै-जैकार रही उठती कण-कण से

घर से बाहर निकलेगी कैसे लजवन्ती

फटे वस्त्र हैं, घर से बाहर निकलेगी कैसे लजवन्ती
शर्म न आती, मना रहे वे महँगाई की रजत जयन्ती
काम नहीं है, दाम नहीं है
चैन नहीं, आराम नहीं है
धुआँ भरा है दिल-दिमाग में
सुबह नहीं, शाम नहीं है
तरुणों को डाकू बनने दो
फिर करवाना आत्म-समर्पण
अपराधों की राख मलो तो
चमके प्रजातन्त्र का दर्पण
हरित क्रान्ति के घटाटोप में
पालक की पत्तियाँ गल गयीं
माखनचोर बने भू-स्वामी
कृषकों पर गोलियाँ चल गयीं
मुँह बाये सुनती झोपड़ियाँ राग बिलावल जै-जैवन्ती
शर्म न आती, मना रहे वे महँगाई की रजत जयन्ती
चाटुकार चीखें - चिल्लाएँ
करें आरती, चँवर डुलाएँ
पूँछ उठाकर नाच दिखाएँ
चिकनी वाणी में गुण गाएँ
सूट डालकर हाथी मचला
कछुआ इम्पाले पर लेटा
भूसी मिला-मिलाकर चीनी
बेच रहा बनिया का बेटा
कंकालों पर बिछा दी गयी

खद्दर की सतरंगी चादर
बन्दूकें हँस पड़ीं कि देखा
चन्दन के चर्खे का आदर
बूंद-बूंद पानी की खातिर
फसलों के शिशु तरस रहे हैं
लेकिन अनुदानी करुणा-घन
झीलों पर ही बरस रहे हैं
महल खड़े, चिमनियाँ खड़ी हैं
लाशें नीचे दबी पड़ी हैं
भवनों के सीने पर ठुमके
बिजली के सतरंगी झुमके
सत्तू की पोटरियाँ बाँधे
शिशुओं को बैठाये काँधे
अचरज के मारे मुँह बाये
बहुजन इन्हें देखने आये
नीचे} निपट ग़रीबी, ऊपर ठाठ-बाट की रजत जयन्ती
शर्म न आती, मना रहे वे महँगाई की रजत जयन्ती

अस्सी प्रतिशत दीन जनों की कष्ट-कथा है रजत जयन्ती
परदुख-कातर तपोधनों की विकट व्यथा है रजत जयन्ती
अमृत-मन्थनी प्रवंचना की नयी प्रथा है रजत जयन्ती
कथित कथन, चर्वित चर्वण की मथी-मथा है रजत जयन्ती

देख लो, इनके कई-कई माथ हैं...

भाई मोरारजी घर के न घाट के
पुत्र की कृपा से खेल गये फाटके
एकवचन, द्विवचन, नाटक - नाटके
बहुवचन सो गया, लिंगों को डाँटके।

उदयपुरी एकलिंग, निजलिंग मैसूरी
एक बात पूरी थी, एक थी अधूरी
फेंक दिया आलू, खा गये पूरी
भाग गये जमूरे, टिक गयी जमूरी।

मरियल थी रानियाँ, राजा थे सड़ियल
सईस थे पुराने, घोड़े थे कड़ियल
तेज़-तर्रार मैना, तोते थे अड़ियल
पड़ गये खाट पै गुरुजी दढ़ियल।

फ़लाँ-फ़लाँ जर्नलिस्ट हो आये लुसाका
हमने सुनी ख़बर तो खा गये सनाका
जा धमके टी-हाउस, इधर-उधर ताका
मुटल्ले की पाकिट पर डालूँ आज डाका।

यब्भागा, वब्भागा, भुब्-भुब् भुव् भूमिचोर
झड़ गये पंख, अब नंगा है मुम्-मुम् मोर
चुनकर आयेगा, करेगा बेहद शोर
होगा कभी इस्स ओर, कभी उस्स ओर।

मिलता है भत्ता, भले - बुरे साथ हैं
एक-एक एम० पी० के बीस - बीस हाथ हैं
देख लो, उनके कई - कई माथ हैं
खली की बोरी है, तिलेसर नाथ हैं।

हो गये बारह महीने

कुर्सियों पर जमे तुमको
फ़ाइलों में रमे तुमको
क्रान्ति - पथ पर थमे तुमको
हो गये बारह महीने
हो गये बारह महीने
स्वच्छता की कसम खाये
दुआ का टीका लगाये
प्रशासन का सुफल पाये
हो गये बारह महीने
हो गये बारह महीने
सजे - सँवरे - जँचे तुमको
छटाओं में रचे तुमको
बसे तुमको, बचे तुमको
हो गये बारह महीने
हो गये बारह महीने
नील नभ में उड़े तुमको
तृप्ति - रस में जुड़े तुमको
कुंज वन में मुड़े तुमको
हो गये बारह महीने
हो गये बारह महीने
सिर हिलाते, दृग नचाते
भीतरी ऊधम मचाते
मार में बचते - बचाते
हो गये बारह महीने
हो गये बारह महीने

पाठ धीरज का पढ़ाते
पत्थरों पर जल चढ़ाते
मोल शब्दों का बढ़ाते
हो गये बारह महीने
हो गये बारह महीने
सादगी - ईमानदारी
गयी कुचली, गयी मारी
दुखी हैं नर और नारी
हो गये बारह महीने
हो गये बारह महीने
मूत्र अपना पी रहे हो
दिव्य जीवन जी रहे हो
क्या कहूँ ज़िद्दी रहे हो
हो गये बारह महीने
हो गये बारह महीने
यह घटक है, वह घटक है
हर घड़ी उठा - पटक है
क्या चटक है, क्या मटक है
हो गये बारह महीने
हो गये बारह महीने
खेल का है गोल चक्कर
काठ पर बैठे हैं बक्कर
नशे में लेते हैं टक्कर
हो गये बारह महीने
हो गये बारह महीने
कली कागज़ की खिली है
मूड में कुर्सी मिली है
जभी तो यह पिलपिली है
हो गये बारह महीने
हो गये बारह महीने

जल रहे, भुन रहे हरिजन
दुखी पुरजन, दुखी परिजन
तुम्हें तो प्रिय हुए अरिजन
हो गये बारह महीने
हो गये बारह महीने
चरण जगजीवन मुरारी
लिये कर में असि दुधारी
अहिंसा के नामधारी
हो गये बारह महीने
हो गये बारह महीने
कुर्सियों पर जमे तुमको
फ़ाइलों में रमे तुमको
क्रान्ति-पथ पर थमे तुमको
हो गये बारह महीने
हो गये बारह महीने
स्वच्छता की कसम खाये
दुआ का टीका लगाये
प्रशासन का सुफल पाये
हो गये बारह महीने
हो गये बारह महीने

वो अन्दर से बाँस करेंगे

वो अन्दर से बाँस करेंगे
मैं बाहर से बाँस करूँगा
मैं थूकूँगा भी दुश्मनों पर
मैं इत्र भी मलूँगा दुश्मनों को
मैं इनकी ऐसी-तैसी कर दूँगा
मैं इन्हें गालियाँ भी दूँगा
मैं इनकी ठकुर-सुहाती भी करूँगा
कब मैं किसके साथ रहूँगा
कब मैं किसके खिलाफ़ क्या-कुछ कहूँगा
मुझे खुद भी नहीं मालूम
खबरदार, अब कोई मुझे न कहे—
"लोहिया नन्दन"—जी हाँ,
मैं तो तब भी राजनारायण था
मैं अब भी राजनारायण हूँ
बाक़ी तो मैं क्या हूँ...
जी हाँ, मैं अपने मन का राजा—
अपनी ग्राम-लक्ष्मी का नारायण हूँ
नेहरू की पुत्री का हारायण हूँ
जी हाँ, मैं राजनारायण हूँ !

न गधी का, न घोड़े का

न गधी न, घोड़े का
न बैल का, न गाय का
ससुराल नहीं—मायका...
जी हाँ, सम्पूर्ण क्रांति का
शांति का, भ्रांति का
शत-प्रतिशत मायका !
अपना यह बिहार
यहाँ, दूसरी आज़ादी
दिखला रही अपनी बहार
जे० पी० का सर-दर्द, जे० पी० का मनुहार
ज० पी० की ज़िद, जे० पी० का प्यार
सभी कुछ हासिल है बिहार को
तभी तो निकली अन्तरिक्ष अभिसार को !
लो—क—नी—ति...
सम्पूर्ण क्रांति का मायका
अपना यह बिहार !
क्यों नहीं सुनेगा अगले युगों की पुकार
अपना वो बिहार ?
अपना ये बिहार ?

गुरु गुड़...

गुरु गुड़
चेला चीनी
विदाई की बेला थी बेहद भावभीनी...
गधा कहीं का, करेगा तू नुक्ताचीनी ?
जी हाँ, वो है चच्चच्चतुर पप्पप्पाजी
मैं ठहरा फुफ्फुफ् फूफ्फूहड़ पप्पप्पाजी
तो कक्कऽऽ कब तक् सिर धुनिएगा
ज्जज्जाइए उधर, इ-इ-इमन् कल्याण नहीं

जी हाँ, लिख रहा हूँ...

जी हाँ, लिख रहा हूँ...
बहुत कुछ ! बहोत-बहोत !!
ढेर-ढेर-सा लिख रहा हूँ !
मगर, आप उसे पढ़ नहीं
पाओगे...देख नहीं सकोगे
उसे आप !

दरअसल बात यह है कि
इन दिनों अपनी लिखावट
आप भी मैं कहाँ पढ़ पाता हूँ
नियोन-राड पर उभरती पंक्तियों की
तरह वो अगले ही क्षण
गुम हो जाती है
चेतना के 'की-बोर्ड' पर वो बस
दो-चार सेकेंड तक ही
टिकती है...
कभी-कभार ही अपनी इस
लिखावट को कागज़ पर
नोट कर पाता हूँ,
स्पन्दनशील संवेदन की
क्षण-भंगुर लड़ियाँ
सहेजकर उन्हें और तक
पहुँचाना !
बाप रे, कितना मुश्किल है !
आप तो 'फ़ोर फ़िंगर' मासिक—

वेतन वाले उच्च-ग्रधिकारी ठहरे,
मन-ही-मन तो हँसोगे ही,
कि भला यह भी कोई
काम हुग्रा, कि ग्रनाप-
शनाप खयालों की
महीन लफ्फाज़ी ही
करता चले कोई—
यह भी कोई काम हुग्रा भला !

माइ डियर दद्दू हमारे

माइ डियर दद्दू हमारे
मार्शल टीटो ऽऽऽ !
मैत्रो की चादर को ज़्यादा न पछीटा !
सह-अस्तित्व की लकीर पीटो !
हुआ के माथे पर दूब-अच्छत छीटो !
ब्रेजनेव व कार्टर को लाड़ में घसीटो !
माइ डियर दद्दू हमारे, मार्शल टीटो !
मैत्री की चादर को ज़्यादा न पछीटो '

जो जी में आए, कहो।

जो जी में आए, कहो !
जैसा भी रहना चाहो, रहो !
मर्ज़ी-मुताबिक़ कुछ भी करो !
उतराते ही रह जाओ या डूब मरो
ब्रह्मचारी, भगवान, योगिराज, परमहंस...
कुच्छ भी क ह ला ओ ऽऽऽ...
हमें लेकिन प्रवचनों की फुहारों में नहलाओ !
करो चाहे सौ-पचास का नितम्ब-भंजन
दो लेकिन पब्लिक को भरपूर मनोरंजन
राजनीति-प्रजानीति, अर्थनीति-दंडनीति...
सबको मारो गोली
तुम तो ठहरे पूर्ण पुरुष
खेलो जी खेलो माया के साथ होली
ऋद्धि-सिद्धि चूमती चलेंगी तुम्हारे चरण
स्वर्ग में बहुत बड़ा मैच होगा
करेंगी ज़रूर ही परियों की कोई टीम
तुम्हारा वरण
जो जी में आए, कहो !
जैसा भी रहना चाहो, रहो ! !

हुआ! हुआ!! हुआ!!

हुम्रा ! हुम्रा !! हुम्रा !!
तुमने तो सचमुच चाँद को छुम्रा !
सफ़ाई से जीत गये जुम्रा...
क्या करेगा तुम्हारा कन्फूशियस मुम्रा !
मैं तो भला लूंगा ही लूंगा--
सम्पूर्ण क्रन्ति का अपना पुम्रा...
माम्रो की 'म्रात्मा' से माँगता हूँ यही तो दुम्रा !
देख लो, ऊपर से अमृत-विंदु चुम्रा...
हुम्रा, जो, हुम्रा !
यहाँ तो, जी, अपने गाँव में
जाने क्या तो हुम्रा
कल वाली डायन वो
निकल आयी हमारे बच्चों की बुम्रा !
हुम्रा, म्रो, हुम्रा !
तुमने तो सचमुच चाँद को छुम्रा...
सफ़ाई से जीत गये जुम्रा !

घटकवाद की उठा-पटक है

चीं-चीं चें-चें चटक-मटक है
घटकवाद की उठा - पटक है
जै-जै राम सटाक - सटक है
फैल गयी हिंसा की लीला
गंगा दूषित, जल है पीला
काँप रहा मजनू का टीला
घोंट-घाँट है, घटा - घटक है
घटकवाद है, उठा - पटक है
बन्दूकों ने रंग जमाया
चरणसिंह ने भस्म रमाया
उधर पुलिस ने नाम कमाया
चीं-चीं चें-चें चटक-मटक है
घटकवाद है, उठा - पटक है
यम का खुला हुग्रा फाटक है
छीना - झपटी का त्राटक है
ठगपंथी का ही नाटक है
जै - जै राम सटाक - सटक है
घटकवाद है, उठा - पटक है
नानाजी नव कामराज हैं
ग्रटल प्रमुख हैं, बिना ताज हैं
पूर्ण क्रांति के साज-बाज हैं
कुटिल नीति यह कूट-कटक है
घटकवाद की चटक - मटक है
ग्रारक्षण का संरक्षण क्या
नौकरशाही का भक्षण क्या
भ्रष्ट तन्त्र का है लक्षण क्या

जातिवाद की भूल - भटक है
घटकवाद की उठा - पटक है
घाव घाव है, दवा नहीं है
घुटन घुटन है, हवा नहीं है
चूल्हा है, पर तवा नहीं है
राशन सीताराम सटक है
घटकवाद, है उठा-पटक है
शासन का जादुई यन्त्र है
धन-कुबेर का महा मन्त्र है
लोकनीतिं है पुलिस तन्त्र है
हिंसा में क्या कहीं अटक है
पाँच नहीं यह एक घटक है
खुली जीभ का जादू देखो
कबिरा देखो, दादू देखो
झग्गल देखो, लादू देखो
करनी सीताराम सटक है
घटकवाद की उठा - पटक है

मगरों के आँसू बहते हैं

मगरों के ग्राँसू बहते हैं
झील भर गयी...
ग्रपने ही ग्रपराध—
दूसरों पर मढ़ने का कौशल कोई इनसे सीखे !
इनके दामन पाक-साफ़ हैं
बाकी सारी दुनिया की चादर मैलो है
ग्रौरों को फ़ासिस्ट कह रहे, शर्म न ग्राती
इनकी विरुदावलियों तो बस भाड़े की ही कोयल गाती
निजी रेडियों निज के ही ग्रखबार सभी हैं
सब साधन, हथियार सभी हैं
फिर भी इनको नींद न ग्राती

पूछते हैं विज्ञजन परस्पर

अपने ही यश:शिखर बार-बार लाँघे हैं तुमने !
हाँ, हाँ, ओ अग्रणी, तुम्हारे आगे
बार-बार मानी है हार बज्र ने, कुसुम ने !
पूछते हैं विज्ञजन : जे० पी अब आगे क्या करेंगे ?
अगला पग अपना वो कहाँ धरेंगे ?

निज-निज गुफा से निकलकर
पूछते हैं विज्ञजन परस्पर
खिल उठे मानो संशय के शतदल
काँप-काँप उठते हैं प्रतिपल
यथास्थिति के पक्षधर
पूछते हैं विज्ञजन परस्पर
पाते नहीं प्रश्नों के आदि-अन्त
झल्लाकर हो उठते हैं अतिशय मुखर
उलझ-उलझ जाते हैं—
आपस में ही बेचारों के उत्तर-प्रत्युत्तर
मैं तो अकेले में भी हँस पड़ता हूँ भभाकर
यथास्थिति का जादू चढ़ा है उनके सिर पर
पूछते हैं विज्ञजन परस्पर

फिर भी पूछते ही चले जाते हैं
विज्ञजन परस्पर :
जे० पी० अब आगे क्या कुछ करेंगे ?
अपना अगला पग कहाँ पर धरेंगे ?

तीन दिन, तीन रात

बस-सर्विस बन्द थी
तीन दिन, तीन रात
लगता था, जन-जन की
हृदय-गति मन्द थी
तीन दिन, तीन रात
प्राचार्य, ज़िलाधीश, एस० पी०
रहे सब परेशान
तीन दिन, तीन रात
बस-सर्विस बन्द थी
तीन दिन, तीन रात

गुम रहीं गतिहीन सड़कें
तीन दिन, तीन रात
पंक्तिबद्ध वृक्षों के
दिल भला क्यों नहीं धड़कें
तीन दिन, तीन रात
बस-सर्विस बन्द थी...

दस गुनी कमाई पर
ताँगा व रिक्शावाले
मस्त थे, मगन थे
तीन दिन, तीन रात
डूबे थे ताड़ी और दारू मे
माटी के हज़ारों चुक्कड़
धत्त थे, नगन थे

तीन दिन, तीन रात
बस-सर्विस बन्द थी
तीन दिन, तीन रात

ठप थी अदालतें
सस्ते थे वकील व मुख्तार
तीन दिन, तीन रात
वीरान थे होटल
धीमी थी धुएँ की रफ़्तार
तीन दिन, तीन रात
सरकारी जीप-ट्रक
पीतो रहीं पेट्रोल
तीन दिन, तीन रात
बस वाले पीते रहे
मालिकों की खीझ का
मट्ठा और घोल
तीन दिन, तीन रात

बस के अड्डों पर
फ़ौज रही तैनात
तीन दिन, तीन रात
उड़ती रहीं अफ़वाहें
कटती रही हर बात
तीन दिन, तीन रात
विकल थी हकूमत
चित्रित थे अधिकारी
तीन दिन, तीन रात
पूर्णिया टाउन में
कर्फ़्यू था जारी
तीन दिन, तीन रात

तरुणों में गर्मी थी
लोग परेशान थे
तीन दिन, तीन रात
बस की लाश का
चिता-भस्म देख-देख
हम भी हैरान थे
तीन दिन, तीन रात
बस-सर्विस बन्द थी
तीन दिन, तीन रात
तीन दिन, तीन रात
तीन दिन, तीन रात

अच्छा हो

अच्छा हो
अब मैं भी रक्खा करूँ अपने सामने
बन्दरों की उस त्रिमूर्ति को
अच्छा हो, अब मैं भी उन्हें
अपना शिक्षक मान लूं...
छिद्र-ही-छिद्र नजर आते हैं सर्वत्र
क्या-क्या देखूं, क्या-क्या न देखूं ?
अनाप-शनाप बकते हैं लोग
क्या-क्या सुनूं, क्या-क्या न सुनूं ?
कदम-कदम पर खीझ उठती है दिल के अन्दर
कितना चीखूं, कितना चिल्लाऊँ ?
किस-किस को फटकारूँ ?
किसे-किसे डाँट पिलाऊँ ?
क्या-क्या बकूं, क्या-क्या न बकूं ?
अच्छा हो, अब मैं भी
बन्दरों की उस त्रिमूर्ति को अपना शिक्षक मान लूं...

आतुर जीव की प्रार्थना सुनेगा कौन ?

यही रह गया बाकी !
जी हाँ, बाकी बचा यही !
वरना, वो सारी दुनिया के
चक्कर लगा चुका है
दसियों बार......।
अदना-सा बेचारा जीव
निहायत मामूली, नाचीज़
भला, किसको नहीं आती है घिन !
नफ़रत के मारे सुलग उठता है रोआँ-रोआँ
बदनसीब बेचारा !!
जी हाँ, वो अबकी वहाँ भी पहुँचेगा
जी हाँ, पहुँच के रहेगा
निहाल हो जाएगा
'पंचशील' की खुशबू में
तरोताज़ा होकर...।
वो फिर से
बेंत की नफ़ीस डलिया के अन्दर
पहुँच कर दुबक जाएगा
अखबारी कागज़ों वाले
छबीले गत्तों के अन्तराल
भली भाँति मालूम हैं !
मालूम हैं भली भाँति
बेंत की ढीली ढक्कनों के फाँक
न्यूयार्क-वाशिंगटन, मास्को-लेनिनग्राद,
काठमाण्डू-ढाका-रंगून-कोलम्बो-कराची

अदन-कैरो-बेरुत - दमिश्क
रोम-बर्लिन-पेरिस-लन्दन
सिंगापुर-हांगकांग-बैंकाक-तोकिओ
दसियों बार चक्कर लगा आया है वो !
जी हाँ, कहाँ नहीं गया है !
कनाडा-आस्ट्रेलिया-इण्डोनेसिया
अफ्रिका और भूटान
जी हाँ, कहाँ नहीं गया है वो ?
दो बार, चार बार, दसबार।
बस, लाल चीन की वो राजधानी ही
बाकी बची है
क्योंकि मालिक लम्बी बीमारी में लाचार
पड़े हैं ...पूर्ण विश्राम...।
जी हाँ, प्रभु को
दरकार है पूरा आराम
यानी कम्प्लीट रेस्ट...
डॉक्टरों की कड़ी निगरानी है
हाय, प्रभु ! आश्रयदाता...
ज़रा जल्दी हो जाओ स्वस्थ...
जग-ज़ाहिर है आपका मनोबल !
आतुर जीव की
प्रार्थना सुनेगा कौन ?
टकराती है
बूढ़े कवि के खस्ता दिल से
अपने विदेश-मंत्री के पालतू
तिलचट्टे की आकुल गुहार
दस बार, बीस बार......

२६ जनवरी, १५ अगस्त

किसकी है जनवरी, किसका अगस्त है ?
कौन यहाँ सुखी है, कौन यहाँ मस्त है ?

सेठ है, शोषक है, नामी गला-काटू है
गालियाँ भी सुनता है, भारी थूक-चाटू है
चोर है, डाकू है, झूठा-मक्कार है
कातिल है, छलिया है, लुच्चा-लबार है
जैसे भी टिकट मिला
जहाँ भी टिकट मिला
शासन के घोड़े पर वो ही सवार है
उसी की जनवरी छब्बीस
उसी का पन्द्रह अगस्त है
बाकी सब दुखी हैं, बाकी सब पस्त हैं...

कौन है खिला-खिला, बुझा-बुझा कौन है
कौन है बुलन्द आज, कौन आज मस्त है ?
खिला-खिला सेठ है, श्रमिक है बुझा-बुझा
मालिक बुलन्द है, कुली-मजूर पस्त है
सेठ यहाँ सुखी है, सेठ यहाँ मस्त है
उसकी है जनवरी, उसी का अगस्त है

पटना है, दिल्ली है, वहीं सब जुगाड़ है
मेला है, ठेला है, भारी भीड़-भाड़ है
फ्रिज है, सोफ़ा है, बिजली का झाड़ है
फैशन की ओट है, सब कुछ उघाड़ है

पब्लिक की पीठ पर बजट का पहाड़ है
गिन लो जी, गिन लो, गिन लो जी, गिन लो
मास्टर की छाती में कै ठो हाड़ है!
गिन लो जी, गिन लो, गिन लो जी, गिन लो
मजदूर की छाती में कै टो हाड़ है!
गिन लो जी, गिन लो, गिन लो जी, गिन लो
धरनी की छाती में कै ठो हाड़ है!
गिन लो जो, गिन लो, गिन लो जी, गिन लो
बच्चे की छाती में कै ठो हाड़ है!
देखो लो जी, देख लो, देख लो जी, देख लो
पब्लिक की पोठ पर बजट का पहाड़ है
मेला है, ठेला है, भारी भीड़-भाड़ है
पटना है, दिल्ली है, वहीं सब जुगाड़ है
फ्रिज है, सोफ़ा है, बिजली का झाड़ है
फैशन की ओट में सभी कुछ उघाड़ है

महल आबाद है, झोपड़ी उजाड़ है
गरीबों की बस्ती में उखाड़ है, पछाड़ है
धत् तेरी, धत् तेरी, कुच्छो नहों! कुच्छो नहीं
ताड़ का तिल है, तिल का ताड़ है
ताड़ के पत्ते हैं, पत्तों के पंखे हैं
पंखों की ओट है, पंखों की आड़ है
कुच्छो नहीं, कुच्छो नहीं...
ताड़ का तिल है, तिल का ताड़ है
पब्लिक की पीठ पर बजट का पहाड़ है

किसकी है जनवरी, किसका अगस्त है!
कौन यहाँ सुखी है, कौन यहाँ मस्त है!
सेठ ही सुखी है, सेठ ही मस्त है
मंत्री ही सुखी है, मंत्री ही मस्त है
उसी की है जनवरी,, उसी का अगस्त है

फैल गया है दिव्य मूत्र का लवण सरोवर

फैल गया है दिव्य मूत्र का लवण सरोवर
जादू क्या दिखलाए गंगाजल या गोबर
नमक-झील में ऊब-डूब करते हैं सांसद
तैर रहीं कुर्सियाँ, शून्य हैं सारे ही पद
उड़ा भाफ बनकर उन पाँचों घटकों का मद
जादू क्या दिखलाए गंगाजल या गोबर
फैल गया है दिव्य मूत्र का लवण सरोवर

जिन वीरों ने कसमें खायीं राजघाट पर
वे सारे बेहोश पड़े हैं खाट-खाट पर
उन प्राणों का संकट-मोचन कौन करेगा
कदमकुआँ कैसे सबका सन्ताप हरेगा
पुतले हैं वे स्वार्थ-सूत्र में टँगे हुए हैं
छैल-छबीले जादूगर हैं, रँगे हुए हैं
सम्प्रति तो बेहोश पड़े हैं खाट-खाट पर
फिर से कसमें खायेंगे वे राजघाट पर

कुर्सी - कुर्सी गद्दी - गद्दी खेल रहे हैं
घटक-तंत्र का भ्रूणपात हो झेल रहे हैं
जोड़-तोड़ के सौ-सौ पापड़ बेल रहे हैं
भारत - माता को खाड़ी में ठेल रहे हैं
इसीलिए तो मिलता है सरकारी भत्ता
तिकड़म पर हो गयी निछावर शासन-सत्ता
महँगाई के सूपनखा के सगे बन्धु हैं
कुटिल क्रूर शोषक समाज के कृपासिन्धु हैं
इनका क्या, ये क्रांति-भ्रांति के प्रबल सूत्र हैं
सातों सागर इन के ही तो दिव्य मूत्र हैं
जादू क्या दिखलाए गंगाजल या गोबर
फैल गया है दिव्य मूत्र का लवण सरोवर

शालवनों के निबिड़ टापू में...

हलबी और हिन्दी का
हमारा दुभाषिया साथी
करने लगा उससे बातें

फूल बाबू के लिए चाहिए थी माचिस
पास की झोपड़ी से वह ले आया साबित दियासलाई
क्षण भर बाद वापस भी दे आया
फिर वो पैसे माँगने लगा इशारे से
हमने थमा दी अठन्नी...
यानि, पचास पैसोंवाला नया सिक्का
खुशी में चमकने लगीं माड़िया की आँखें
कहने लगा : "जोहार ! जोहार ! जोहार साऽऽब..."

मुस्करा कर बतलाया हमारे दुभाषिए ने—
(इत्तो-सी देर में उन दोनों में हो गयी थीं ज़रा-मरा-सी बातें)
"दस-पन्द्रह वर्ष पहसे यह दिल्ली गया था
आदिवासी लोकनृत्यवाली अपनी पार्टी के साथ..."
मैंने जानना चाहा—
"पूछो, उन दिनों कौन था दिल्ली का राजा ?"
नचाकर हथेलियाँ
अबूझ-सी पहेलियों में गुम हो गया बेचारा शबर-पुत्र !...
क्या कहे ! क्या न कहे !
नाम ले कौन-सा !
कौन-सा नाम न ले !

इतनी लम्बी अवधि में स्मृति-पटल पर से धुल-पुंछकर
ग़ायब हो चुके थे वे नाम...।
मैंने आखिर सुझाई चन्द संज्ञाएँ—
"नेहरू, राजेन्दर परसाद, राधा कृस्नन...
बोलो, कौन था उन दिनों दिल्ली का राजा...?"
"मालूम नहीं अपने को...
अपन को नईं मालूम..."
डालकर भौंहों पर ज़ोर बोला माड़िया अधेड़
और अगले ही क्षण
हथेलियों पर उछालता वही सिक्का
उतर गया सड़क के नीचे
खो गया शालवनों के निविड़ टापू में
माड़िया अधेड़।
बोला हमारा दुभाषिया मित्र—
(रविशंकर विश्वविद्यालय का एम० ए०)
"अपन इसके साथ दो रोज रह पाते!
काश! झोपड़ियों वाली इसकी बस्ती तक
पहुँच पाते अपन
रातों वाली अड्डेबाजी में साथ देते इसका
सालू के पत्तोंवाले दोने में साथ-साथ पीते सल्फ़ी
चखते भुना हुआ गोश्त सुअर का साथ-साथ
फिर शायद खुलकर बातें करता यह हमसे...।"
और हम चारों जने
देखते रह गये शालवनों की उस पगडंडी की ओर
कम-से-कम दस मिनट तक देखते रहे
तैरती रहीं आरण्यक छवियाँ सूनी निगाहों में
लेकिन वह तो अब तक अलक्षित हो चुका था
जा चुका था गहरे निविड़ अरण्य की अतल झील के अन्दर।
.. स्टार्ट हुई हमारी जीप
बैलाडीला वाली उसी सड़क पर
दन्तेवाड़ा से ५५ किलोमीटर आगे...

पावस तुम्हें प्रणाम

लोचन अंजन, मानस रंजन
पावस, तुम्हें प्रणाम
ताप-तप्त वसुधा दुख-भंजन
पावस, तुम्हें प्रणाम
ऋतुओं के प्रतिपालक ऋतुवर
पावस, तुम्हें प्रणाम
अतुल अमित अंकुरित बीजधर
पावस, तुम्हें प्रणाम
नेह-छोह की गीली मूरत
पावस, तुम्हें प्रणाम
अग-जग फैली नीली सूरत
पावस, तुम्हें प्रणाम

फूले कदंब

फूले कदंब
टहनी-टहनी में कन्दुक नहीं सम भूले कदंब
फूले कदंब

सावन बीता
बादल का कोप नहीं रीता
जाने कब से वो बरस रहा
ललचाई आँखों से नाहक
जाने कब से तू तरस रहा
मन कहता है, छू ले कदंब
फूले कदंब
झूले कदंब

घन-कुरंग

नभ में चौकड़ियाँ भरें भले
शिशु घन-कुरंग
खिलवाड़ देर तक करें भले
शिशु घन-कुरंग
लो, आपस में गुथ गये खूब
शिशु घन-कुरंग
लो, घटा जल में गये डूब
शिशु घन-कुरंग
लो, बूँदें पड़ने लगीं, वाह
शिशु घन-कुरंग
लो, कब की सुधियाँ जगीं, आह
शिशु घन-कुरंग
पुरवा सिहकी, फिर दीख गये
शिशु घन-कुरंग
शशि से शरमाना सीख गये
शिशु घन-कुरंग

मेघ बजे

धिन धिन धा धमक-धमक
मेघ बजे
दामिनि यह गयी दमक
मेघ बजे
दादुर का कण्ठ खुला
मेघ बजे
धरती का हृदय धुला
मेघ बजे
पंक बना हरिचन्दन
मेघ बजे
हलका है अभिनन्दन
मेघ बजे
धिन धिन धा...

धूप में खिले पात

वर्षा में अनावृत धुले पात
फीके थे कल, आज खुले पात
धूप के जादू में खिले पात
मस्तानी हवा में हिले पात
जादुई साँचे में ढले पात
भूल गये दाह-दिन भले पात

वर्षा में अनावृत धुले पात
फीके थे कल, आज खुले पात

तना है वितान

तना है वितान
भला, इनकी महिमा का करे कौन बखान
हो चुका दूबों का, घासों का अमृत-महान
इनकी घटाओं से लदा है आसमान
पता नहीं चलता रात्रिमान या कि दिनमान
सुन रे अभागे, फुहारों के रिमझिम गान
सब के जी जुड़ा गये, मिला है जीवनदान
टिपिर, टिपिर
टिपिर, टिपिर
झर झर झर
झर झर झर
रिमझिम झिम रिमझिम रिमझिम
चल खेतों में, कस ले कमर
पंक-तिलक है यह त्योहार
सुन ले धरती की मनुहार
रोप रहे होंगे कोटि-कोटि जन मगन-मन धान
यह वो ऋतु है ऋतुओं में सबसे महान
तना है चन्दोबा, फैला है वितान
बरस रहे दिन-रात बादल-भगवान
मना रहा इनकी जै-जै दुनिया-जहान
भला, इनकी महिमा का कौन करे बखान

जादुई परस! जादुई परस!!

झुलसी अविकच पंखड़ियों पर
फाहों-सी फुहियाँ पड़ी बरस
यह रोम-रोम में जगा गयी
मादक पुलकन
मीठी सिहरन
जादुई परस
जादुई परस

चिर-आकुल रीते प्राणों में
भर गया न जाने कितना रस
हिय आँगन में उतरे जाने
किन सुधियों के छौने सारस
जादुई परस !
जादुई परस !!

बादलों ने डाल दिया है घेरा

अच्छी तरह घिरा हूँ
घिरा हूँ बुरी तरह
ऊदे-ऊदे बादलों ने डाल दिया है घेरा
मुश्किल है अड्डे से निकलना मेरा
कभी मूसल-धार, कभी रिमझिम
कभी टिप-टिप, कभी फुहारें, कभी झींसियाँ
कभी बरफ़ की-सी...हीरे के चूरन की-सी महीन कनियाँ
...सावनी घटाओं के अ-विराम हमले
झेल रहा हूँ पिछले चार दिनों से
बड़ा ही अच्छा लगता है
काले-काले झुके-झुके मेघों का यह घिराव
इर्द-गिर्द जम गया है कीचड़ का बैरिकेड
बजा रहे हैं बिगुल
पुष्ट कंठोंवाले पीले मेढ़क
फुला-फुला के गर्दन...
कानों में सिहरन है
गुदगुदा उठते हैं मन-प्राण
बुरा नहीं लगता है बादलों का घिराव

मैं तुम्हें अपना चुम्बन दूँगा

तुम उनकी साजिशों को खत्म कर दोगे
तुम प्रवंचना की उनकी कुटिल चालों का अन्त कर दोगे
हत्याएँ करने-करवाने की—
ठंडी फाँसियाँ देने दिलवाने की—
चुपचाप ज़हर घोलने-घुलवाने की—
कारागार की नारकीय कोठरियों में
मानवता को गलाने-गलवाने की—
यानी, उनकी एक-एक साजिश को
तुम खत्म कर दोगे
हमेशा-हमेशा के लिए !

मैं तुम्हारा ही पता लगाने के लिए
घूमता फिर रहा हूँ
सार-सारा दिन : सारी-सारी रात !

आगामी युगों के मुक्ति-सैनिक, कहाँ हो तुम ?
निपीड़ित-शोषित मानवता के उद्धारक, कहाँ हो तुम ?
आओ, सामने आओ बेटे !
मैं तुम्हारा चुम्बन लूँगा
मैं तुम्हें अपना चुम्बन दूँगा

मैं तुम्हीं को अपनी यह शेष आत्मा अर्पित करूँगा
मैं तुम्हारे ही लिए जिऊँगा, मरूँगा
मैं तुम्हारे ही इर्द-गिर्द रहना चाहूँगा
मैं तुम्हारे ही प्रति अपनी वफ़ादारी निबाहूँगा

आओ, खेत-मजदूर और भूमिदास नौजवान
आओ, खदान-श्रमिक और फैक्ट्री-वर्कर नौजवान
आओ कैम्प के छात्र और फैकल्टियों के नवीन प्रवीण प्राध्यापक
हाँ, हाँ, तुम्हारे ही अन्दर तैयार हो रहे हैं
आगामी युगों के लिबरेटर

आओ भई, सामने आओ !
मैं तुम्हारा चुम्बन लूंगा
मैं तुममें से एक-एक का सिर सूँघूंगा
आओ भई, सामने आओ !
मुझ पगलेट के साथ बातचीत करो
हँसो-खेलो मेरे साथ
मैं तुम्हारी जूतियाँ चमकाऊँगा
दिल बहलाऊँगा तुम्हारा
कुछ भी करूँगा तुम्हारे लिए...
मैं तुम्हें अपना चुम्बन दूंगा...